土井雪広の
世界で戦うための
The cycling training to fight in the world level by Yukihiro Doi
ロードバイク・
トレーニング

東京書籍

土井雪広の世界で戦うための
ロードバイク・トレーニング

はじめに

僕はずっと、エースの勝利のためにペダルを踏んできた。

ヨーロッパに行くまでは自分の勝利を狙って走ることが多かったけれど、僕は基本的に、エースを助けるアシストとして走ってきた選手だ。僕はヨーロッパで、アシストの喜びを知ることができた。


アシストは凄く楽しい仕事だ。


まず、レースの全体が見える。アシストはレースについて常にクールな状況判断が求められるから、全体を見通さなければいけない。

そして、エースを勝たせることができたときは、心から喜べる。あと、エースはレースによってころころと変わるけれど、アシストは常に必要とされるから、やりがいも大きい。アシストが僕のメンタルに合っていたということもあるんだろう。それは、日本に帰ってきてからも変わらない。

僕はアシストが好きだ。アシストとして「人助け」をすることに、自分の存在意義を見いだせるようになったのは、僕がヨーロッパで得たとても大きいもののひとつだ。

ところで、僕は世界的にはそれほど強い選手じゃない。

はじめてヨーロッパに行ったころは、レースを完走することすらできなかった。でも、一緒にトレーニングをするチームメイトや、鬼のようなトレーナーといった環境に恵まれたおかげで、だんだんと強くなることができた。

もし、今この本を読んでいるあなたがレースをまともに走ることができずに悩んでいるならば、その姿は昔の僕に似ていると言っていいと思う。

僕も、自分には何が足りないのか？　どうすれば強くなれるのか？　そういうことがわからずに苦しんでいた。でも、周囲のおかげで段階を踏み、ゆっくりと強くなれた。

僕は日本に帰ってきて、まるで昔の僕のように、悩み苦しんでいる人がたくさんいることを知った。また、強くなりたい、将来は世界を走りたいと願う子供たちがたくさんいることも知った。

そんな人たちに向けて書いたのがこの本だ。

伸び悩むのは、トレーニングに関する情報が少ないからだと思う。適切な情報さえ与えられれば、僕が強くなれたように、人は強くなれる。

僕はアシストが好きで、どうやらアシスト向きの選手らしい。

あるときふと、レースの外でも、強くなりたい人たちのアシストができるんじゃないかと思った。たくさんの人たちに対して強くなれた僕の経験を伝えるならば、本がベストだろう。

僕は、本場であるヨーロッパのトップチームで長い間選手生活を送ることができたし、世界トップレベルのいろいろなレースを走ることもできた。ヨーロッパの選手たちがどのようなトレーニングをし、どうやってレースを走っているかに興味がある人は多い。

だから僕は、ヨーロッパで見聞きしたことを思いつく限り、この本にまとめてみた。

日本のホビーレーサーから見て意外な内容もあるだろうし、「そんなもの？」と思うこともあるかもしれない。いずれにしても、ヨーロッパのトレーニングのリアルを伝えられればと思う。

ひとつだけ言っておきたいのは、ヨーロッパのトッププロがなにか秘密の「魔法」を使っているわけではないということだ。

彼らの美しく、すさまじく速いレースは、ごく当然の（ただし、日本ではないがしろにされていることもある）ことの積み重ねの上にある。

彼らだって、人間なんだ。

この本にはいろいろなことを書いたけれど、読んで実践してくれれば、間違いなく強くなれると思う。

そして、この本を読んでくれた人が強くなってくれれば、アシストとしてこれほど嬉しいことはない。

つまりこの本は、日本のレーサーたちへの僕なりのアシストだ。

読者の方がどこかのレースで勝ったことを知ったら、僕はレースのときのように、ガッツポーズをするだろう。

二〇一五年　八月

土井雪広

土井雪広の世界で戦うためのロードバイク・トレーニング―もくじ

第1章

強くなるということ

「階段」を上る

長い階段

僕は、平凡なレーサーだ。今の国内レース界を見回しても、昔の僕より強い若手日本人選手は少ない。勘違いしている人も多いけど、**日本人がヨーロッパ人と比べて弱いわけでは決してない**。けれど、僕は時間をかけて、ゆっくりと強くなることができた。

小学校5年生、11歳でロードバイクに乗りはじめてから20年近くが経つ。[1]中学校で勝利を知り、高校で揉まれ、大学で駆け引きを覚えた。大学を辞めてからはシマノレーシングで鍛えられ、アルゴス・シマノ[2]ではトレーナーのマライン・ゼーマンに磨き上げられた。その先に、ブエルタ・ア・エスパーニャの完走や、ツアー・オブ・ターキー[3]の総合6位があったというだけの話だ。長い階段が僕を強くした。

誰でも階段を上ることはできる。

もちろん、いつかは天井に当たり、立ち止まる日が来る。どこで立ち止まるかは、生まれ持ったもので決まるはずだ。ツール・ド・フランスで総合優勝する選手もいれば、国内のJプロツアー[4]優勝で立ち止まる選手もいる。

しかし、繰り返すけれど、階段さえあれば、上ることは誰にでもできる。

問題は、日本にはきちんとした階段が用意されていないということだ。**だから、立ち止まるべき自分の限界まで達することができる選手が、ほとんどいない**。プロでもそうなのだから、アマチュアでは、なおさらだ。

自分の限界を見たホビーレーサーがどれだけいるだろうか？

僕は、今言った「階段」を上るという、貴重な経験ができた珍しい日本人選手だと自負している。階段は、トレーニング環境と言い換えてもいいだろう。完璧なトレーニングプログラムや、適切な練習仲間、レベルに合ったレースのことだ。階段が急すぎると転げ落ちてしまうし、逆に、なだらかすぎたら、いつまで経っても目標とする高みへは届かない。

どのくらいの角度の階段が適切かも、時期によって変わるはずだ。もし、高校を出たての僕がアルゴスに入ったとしても、何もできなかっただろう（実際、ヨーロッパに渡った最初の年は、ほとんどのレースをリタイアした）し、いつまでもシマノにいたら、ブエルタを走りきるまで強くなれなかったと思う。

ブエルタ・ア・エスパーニャを走る

結論を言おう。

適切な「階段」と、そこを上るモチベーションさえあれば、人は限界まで強くなれる。

顰蹙《ひんしゅく》を買うことを覚悟で言えば、平均的な体力の日本人男性を限界まで鍛え上げることができれば、Jプロツアーで勝つことはさほど難しくないと思う。すでにJプロツアーで勝てている国内の強豪選手を鍛えれば、少なくともフィジカルの強さは、ヨーロッパプロのレベルに達すると僕は感じている。

強くなるには、階段、すなわち環境が必要だ。

フィジカルだけじゃない

トレーニングに関して、どういうわけかフィジカルばかり注目される。フィジカルとはたとえば、10分間の出力とか、1時間の平均パワー[1]（あの、日本人が大好きな「FTP[2]」）とかのことだ。一般的に「強さ」というときにイメージされるのは、フィジカルの強さだろう。

しかし、**フィジカルに関しては、あまり心配は要らない**、と言ってしまおう。走ってさえいれば、ある程度は勝手に伸びる。たとえ、先ほど言ったトレーニング環境の設計が多少おかしくても、走っていれば伸びる。

繰り返すけれど、日本人のフィジカルは決して弱くない。

パワーメーターに表示される数字だけならば、日本のホビーレーサーにも、ヨーロッパのプロ並みのスペックを持つ人は実はいくらでもいる。ジョン・デゲンコルブのスプリントは1500Wくらいだったけれど、そのくらいの出力を出せる選手はいくらでもいる。**でも、その1500Wは、適切なタイミングと場所で繰り出さなければ勝てない**。それがレースセンスだ。

[1] **シマノレーシング**　日本の自転車パーツ大手企業である（株）シマノによるチーム。強豪チームとして知られる。

[2] **アルゴス・シマノ**　（株）シマノが資本参加した、オランダ籍のプロフェッショナル・コンチネンタルチーム（いずれも当時）。

[3] **ツアー・オブ・ターキー**　トルコを舞台に複数日にわたって戦われる「ステージレース」。近年は強豪選手も多く参加するようになった。

[4] **Jプロツアー**　国内で行われているシリーズ戦。個々のレースの勝者とは別に、通算ポイントで決まる年間優勝者がいる。

強い選手に求められるのはフィジカルだけではない。勝つためには、レースセンスやメンタルの強さが欠かせない。そして、日本人選手に足りていないのは、ここだと思う。日本人はレースでの走り方を知らない。フィジカルが弱いわけじゃない。

ヨーロッパ人選手が強いのは、走り方を知っているからだ。そして彼らが走り方を知っているのは、上の世代が若い選手に走り方を伝える環境ができているからだ。FTPがどうこうといった問題じゃない。同じ歳だった頃の僕よりも強い若手日本人選手はたくさんいる。けれど、彼らに強くなるための環境が与えられていないことにやきもきする。あまりにも、もったいない。

だからこの本では、フィジカルだけじゃなく、センスやメンタルに関することも伝えるつもりだ。適切な「階段」とまでは言わないが、その輪郭くらいは提示したいと思っている。

読者の皆さんも、たぶん自分で思っている以上の力を秘めているはずだ。

［1］ **10分間の出力**　10分間継続できる最大パワーの平均値のこと。プロ選手の場合、個人差はあるが300Wを大きく上回る場合が多い。

［2］ **FTP**　Functional Threshold Powerの略称だと言われており、1時間継続できる最大パワーの平均値のこと。

飴と鞭を用意する

トレーニングは苦しいし、面倒くさいし、危ないし、楽しくない。

ところが困ったことに、苦しんだ時期ほど伸びるのも一面の真実だ（ただし、この「苦しさ」が自己満足ではまずい。これは結構ややこしい問題なので、4章でまた触れよう)。

高校時代は何も考えずに、ひたすら月3000kmを追い込んで走っていた。ヨーロッパに行って一番伸びた2006年も、ポール・マルテンス[1]と一緒に毎日、苦しんでいた。

キツかった。けれど、伸びた。

どうしてプロはそんな生活を続けられるんだろうか。痛みを感じないのか？　それともプロトンはマゾヒストの集まりなのか？

そうじゃない。

そうではなくって、**プロは大量の飴と鞭に囲まれているから、モチベーションを上げられるというだけだと思う**。

あまり表面には出てこないけれど、プロにとって成績は、生活に直結している。成績が落ちたら、来年の契約はないかもしれない。逆に、レースで勝てれば、年俸は一気にアップするかもしれない。もちろん名誉が持つ意味は大きいけれど、それ以外にも、具体的な飴や鞭が、プロのお尻を叩いているのは確かだ。夢がない話ではあるけれど……。

僕は、ご褒美やプレッシャーなしにこの競技を続けるのは不可能だと思う。

わかりやすいからお金の話をしたけれど、お金以外でもいい。「何か」は必要だ。のんべんだらりとトレーニングを続けている選手がいきなり強くなることは、ないと思う。

想像してみてほしい。もし、次のレースで勝てば月給が10万円アップすると言われたら、あなたの順位はもう少し上がるんじゃないだろうか。ちぎれたらクビだぞ、と宣告されたら、苦しくても我慢できるようになるかもしれない。

とはいえ、レースのたびに辞表を用意するわけにもいかない。この点に関しては、プロよりもアマチュアのほうが不利かもしれない。まわりがモチベーションを用意してくれないから。

だから、まずはトレーニングを続けるための飴か鞭を用意するところからはじめたほうがいいと思う。中身はなんでもいい。飴なら「モテる」とか「健康でいたい」とか「ご飯が美味しい」とか……。

こればかりは、僕がどうこう言うわけにはいかない。

あなたを駆り立てるものを探してみてほしい。

[1] **ポール・マルテンス** 1983年〜。ドイツ出身。2008年からはラボバンク(現ベルキン)に移籍した。

「強い」とは?

あいつは強い、と言われるレーサーがいる。皆さんももちろん、強くなるために走っているはずだ。

しかし、そもそも「強い」とはなんだろうか? 今言ったように、パワーに代表されるフィジカルの強さだけが「強さ」じゃない。

たとえば、メンタル。この競技はメンタルスポーツでもある。しかも、メンタルといってもいろいろあるからややこしい。

時間で区分するなら、テニスや卓球みたいに、一瞬のミスも許されない緊張に耐えるメンタルも要求されるし、もっと長い、たとえばヒルクライムの苦痛に耐えるメンタルも欠かせない。さらに、月単位で節制して体を作る、ボディビルダーのようなメンタルも求められるだろう。

さらに、メンタルといっても、今言ったような「耐える」力、受動的なものだけがメンタルじゃない。ダウンヒルの恐怖に耐えるメンタルは必要だけど、ただ目をつぶって耐えているだけでは崖に突っ込んでしまう。恐怖の中で冷静な判断をする、いわば積極的なメンタルも求められる。要するに、複雑だということだ。

他にも、センスも強さの一部だ。

ランス・アームストロングやヤン・ウルリッヒ、アルベルト・コンタドールといった「強い」選手たちの走りにはセンスがあった。センスの内容を言葉にするのは難しいが、一種の勝負勘と言うべきかもしれない。彼らは、適切なタイミングで適切な行動をとれる。だから強い。

強さと一口に言っても、フィジカル以外にこんなに内容がある。

さらに言うなら、フィジカルの強さだって単純じゃない。日本人はフィジカルというとすぐにパワーの話をしたがるが、パワーはフィジカルの一部でしかない。

たとえば、僕が見てきた限りでは、強い選手たちに共通している特徴として、やたらと酒に強いということがある。酒は選手にとってあまり良くないものとされているので（実際その通りだろうけれど）具体的に名前を挙げることは控えるけれど、あの選手も、別のあの選手もいわゆる「ザル」だった。

これは聞いた話だけど、某選手はブエルタ・ア・エスパーニャの最中、朝まで飲んでトイレで酔いつぶれていたところを叩き起こされるようなこともあったそうだ。それでもきっちり選手としての仕事をしていた。

酒に強い選手は、内臓が強いはずだ。内臓が強いということは、体調を崩しにくく、必要な栄養をしっかり摂れるということだろう。だから、酒に強いことと、選手として強いことの間には関係があるんじゃないかと思う。

他にも、風邪をひきにくいとか、胃腸が強いとか、フィジカルに関して重要なことはたくさんある。**何が言いたいかというと、「強い」ということはとっても複雑だということだ。**レースでは、それが順位という非常にはっきりした形で現れるけれど、レースの外で強さを測るのは簡単じゃない。

1時間のパワーがあまり大きくなくても、コーナーリングや位置取りが物凄く上手なので、パワーのハンディを覆い隠せる選手もいるだろう。緊張には弱いけれど、苦痛に耐える力が強いからコンスタントに成績を出せる選手もいるだろう。

さまざまな強さの中には、トレーニングで鍛えられるものもあれば、生まれ落ちた瞬間に決まっているものもあるはずだ。

だが、誰が何に強いかは、やってみなければわからない。

だから、とりあえず走ってみよう。トレーニングをしてみよう。あなたがどこまで伸びるかは、誰にもわからないはずだ。

なお、僕は数ある強さの中でも特に大切なのが「環境に順応する力」だと思う。放り込まれた環境に自分をアシストできる力のことだ。

なぜだろうか。それは、次に話すことと関係がある。

トレーニングは階段だ

章の最後に、そもそもトレーニングとはなにか、ということについて考えたいと思う。

トレーニングとは、強くなるための行為だ。よく言われるように、**強い負荷を体にかけ、回復させるというサイクルを繰り返すことで強くなるのがトレーニングだ**。「負荷をかける」というのがポイントだ。

僕は冒頭で、トレーニング環境を階段に例えた。これには理由がある。

階段は普通、水平の板（踏み板とか踏み面というらしい）と垂直の板（蹴上げ）を組み合わせてできている。一直線に上る坂とは違う。水平の移動と垂直の移動を交互に繰り返す必要がある。

そして、トレーニングは、坂ではなく階段だ。

トレーニングには、階段を上るときのように、水平の移動と垂直の移動の2種類がある。

垂直の移動は、自分の位置を高くするため、つまり、強くなるためのトレーニングだ。一方で、水平の移動は位置を下げないため、つまりパフォーマンスを維持するためのトレーニングだ。

選手たちは、パフォーマンスを上げることと、それを維持することを繰り返してトップコンディションに持って行く。決して坂を上るように一直線で目標に向かっているわけじゃない。

1月でも暖かいツアー・ダウンアンダーをシーズン最初のレースに選ぶチームは多い

サイクルロードレースの観戦を楽しんでいる人は、春先のレースを思い出してほしい。選手たちはまず1月に、暖かいオーストラリアの、平坦なコースばかりのツアー・ダウンアンダーでシーズンインする。そして中東のレースを巡ってから、本格的な山岳もあるパリ-ニースやティレーノ～アドリアティコを走り、春のクラシック[1]や、ジロ・デ・イタリアといった重要なレースに向かう。

もっと細かく、注意して見ると、たとえば石畳が連続する北のクラシック[2]を狙う選手は、「本番」であるロンド・ファン・フラーンデレン[3]やパリ-ルーベ[4]を走る前に、日本では放映されないような、格の低い石畳のレースを走っていることに気付くはずだ。

つまり選手たちは、いきなり狙うレースに臨むのではなく、似たレースをいくつも積み重ねてから目標とするレースを走る。なぜそんなことをするんだろうか。トレーニングだけを積み重ねて、いきなりレースに出れば良さそうなものなのに、どうしてこんな回りくどいことをするんだろうか。

冒頭で言ったように、トレーニングは体に負荷をかけることだ。**そして、負荷が大きければ大きいほど、そこから回復に成功できたときの効果は大きくなる**（ただし、回復に失敗するとオーバートレーニングになる。これは後で触れる）。

ところが、トレーニングで体に負荷をかけるのは簡単じゃない。強い選手ほど強い負荷を必要とするわけだけれど、それはとても難しい。

理由はたぶん、メンタルだ。脳が無意識のうちに体を守ろうとして、一定の負荷に達するとリミッターみたいなものを発動させるんだろう。

すると人は壁にぶつかる。心拍数やパワーを指標としてトレーニングをしている人ならば、自分の壁を数値で把握しているはずだ。1時間170拍とか、10分300Wとか。

しかし、強くなるためには強い負荷が必要だから、このリミッターを何とかして外す必要がある。その手段がレースだ。

レースでは、たとえ格が低いレースでも、興奮する。周りにたくさんのレーサーがいるし、観客もいる。すると、脳がリミッターを外してくれる。

読者の中にも、レースの最中に（あるいは終わったあと）心拍計やパワーメーターがとんでもない数値を叩き出しているのを見てびっくりした経験がある人は少なくないだろう。レースでは、トレーニングでは考えられない数値が出る。

それは、レースの興奮が頭のリミッターを外すからだ。この点はプロも一緒。コンタドールやファビアン・カンチェラーラも、お客さんなしには頑張れないということだ（なお、ここでいう「負荷」が体への負荷だけを指しているわけじゃないことには注意してほしい。ここでも、問題はパワーだけじゃない。苦しみに耐えるメンタルや、苦しい中で体力をセーブする走りかたを見つけるのも、トレーニングでは大切なことだ）。

つまり、トレーニングだけでは十分な負荷がかけられないから、レースに出るということだ。レースで頭のリミッターを外して、自分の壁を越えた走りをすることで、コンディションが一段上がる。

これが、階段でいう垂直の板に相当する、「強くなるためのトレーニング」だ（レースをトレーニングというのはヘンだけれど）。

僕はさっき、環境に順応する力が重要だと言った。

環境とは、レースなど、あなたに強くなるための負荷を与えてくれるもののことを指している。順応する力が強い選手は、その負荷に体を晒し、回復させるというサイクルをスムーズに行うことができる。ある負荷に順応できたら、もう一段上の負荷にチャレンジできる。だからどんどん強くなる。順応する力はすごく重要だと思う。

さて、じゃあ選手が毎日レースを走っているかというと、もちろん違う。ひとりで様々なメニューをこなしたりする、一般的に想像されるようなトレーニングも行っている。

なぜかというと、レースの負荷はあまりに大きいからだ。毎日レースを走ってしまうと負荷が溜まりすぎてオーバートレーニングになる（この負荷のことを「トレーニング・ストレス・スコア」という。これについては4章で）。

そこで、選手たちは、レースで上げたコンディションを維持するためのトレーニングをする。これは、階段でいう水平の板に相当する部分だ。

要するに、選手たちはパフォーマンスアップ→その維持、というサイクルを繰り返して強くなっている。

坂のように一直線に強くなるんじゃなくって、階段を上るように強くなっているということだ。

そろそろこの章をまとめよう。

トレーニングは階段だ。選手たちは階段を一段一段上ることで強くなる。

そして、階段に垂直の板と水平の板があるように、トレーニングにも、強くなるトレーニングと、その強さを維持するためのトレーニングがある。

強くなるためには、人が無意識のうちに設定しているリミッターを外して、自分の壁を越える必要がある。だから選手は、興奮でリミッターを外せるレースに出てパフォーマンスを上げて、トレーニングでそれを維持する、というサイクルを繰り返している。


しかし、と皆さんは言うかもしれない。

自分には仕事があるから、プロみたいにしょっちゅうレースに出るわけにはいかない（そもそもそんなにたくさんレースがない）。日常的に、壁を越えることはできないだろうか？

できる、と思う。

そのために強豪ホビーレーサーがよくやっているのが、仲間とのレースごっこだ。ギャラリーはいなくても、仲間と競争すれば興奮するから、強い負荷をかけられる。他にも峠でタイムアタックしたり、工夫次第でリミッターは外せると思う。


自分よりも速い人に引きずり回されたり、きついレースを経たあとに、急に速くなったような気がする経験をした人は多いと思う。その感じを大切にしてほしい。

とはいえ、毎日壁を越えていたら体が壊れちゃうから、維持するだけのトレーニングも必要、ということになる。

壁を越えることと、壁を越えて強くなったパフォーマンスを維持すること。この2つの組み合わせでトレーニングは成り立っている。

そして、しつこいようだけれど、あなたの壁は、あなたが思い込んでいるよりもはるかに高いところにあるはずだ。

[1] **春のクラシック** 春先に行われる一連の、歴史が古いワンデーレース（1日で終わるレース）のこと。

[2] **北のクラシック** 春のクラシックのうち、序盤に行われる北方のレースのこと。コースには荒れた石畳が登場する。

[3] **ロンド・ファン・フラーンデレン** ベルギーで行われる、北のクラシックを代表するレース。石畳と急坂が特徴。

[4] **パリ-ルーベ** フランス北部で行われる、ロンド・ファン・フラーンデレンと並ぶ北のクラシックの代名詞。

第2章

ロードバイクという乗り物

機材を選ぶ

乗り手と機材は8：2

ヨーロッパではよく、空気抵抗に関して「人が70%、バイクが30%」という表現を聞いた。要するに、フォームの改善で人間の空気抵抗を減らすことが、機材をいじるよりも重要だということだ。

サイクルロードレースは機材スポーツなので、機材の良し悪しが成績に影響する（ことになっている）し、ホビーレーサーにとっては、機材は独立した楽しみのひとつでもある。雑誌にも機材の記事はやたらと多い。

だが僕は、さっきの空気抵抗の話と同じように、この競技では人間が7割、機材が3割、と思っている。

もっとも、それはわずかな差を争うプロの話だから、一般の方なら人間8割、機材2割くらいじゃないだろうか。

夢がなくて申し訳ないけれど、強い選手は何に乗っても強い。

キッテルは、バイクがFELTでもGIANTでも変わらなく強い。プロトンでは、みんな違うフレームやホイールを使っているけれど、結局勝つべき選手が勝っている。機材なんてそんなものだ。みんなが考えるほどの「よい・悪い」があるかは、ちょっと疑問だ。

しかし、それは機材がどうでもいいことにはならない。

「よい・悪い」よりもはるかに重要なことがある。**それは、「合う・合わない」**。

「合う・合わない」の差は明らかにあるし、成績を左右する。たとえば、クライマーがあまりに硬いフレームに乗っても、効率よく進ませることはできないだろう。

ロードバイクは、ポジショニングで調整することができるから、「合う・合わない」以外に「合わせる」作業も重要になる。どんないいバイクでも、フィジカルの状態に合っていなければ意味がない。

じゃあ、どうやって合う機材に出会って、自分にぴったりの一台に仕上げるか。考えてみよう。

手足の長さを知ってからフレームを選ぶ

フレームについて一番大切なことは、サイズだ。剛性とか、重さも大切だけれど、サイズが合っていないと台無しになってしまう。

それは服と同じだ。

50万円の、ただしサイズ違いのスーツと、体にぴったりの5万円のスーツならば、どう考えても後者のほうがいい。というか、サイズが合っていないスーツは眺めるか売るかしか使い道がない。フレームも一緒だ。

サイズの選びかたは、一見簡単に思える。どのメーカーもサイズ表はあるし、おおまかなサイズ感、た

自分に合うバイクに乗ることが、もっとも重要だ

とえば、身長170cmならば50がいい、とかは誰でも知っているだろう。

でもそれは、イロハのイでしかない。スーツをオーダーメイドすることを考えてみるといい。Mサイズとか、そんなおおざっぱな指定で買う人はいないと思う。試着をして、皺の具合を見て、後で調整することを考えつつ、慎重に選ぶだろう。ロードバイクも一緒。


身長と同じくらい重要なのは、手足の長さだ。


同じ身長でも、脚が長ければその分サドルが上がるから、フレームサイズは上げるべきだ。

腕が長ければ、ハンドルが遠くなるから、やっぱり大きいフレームのほうがいいだろう。

身長だけでフレームを選んで、股下を測るのはその後、サドルの位置を決める段階になってから、という人も多いけれど、それじゃ遅いと思う。少なくとも、自分の腕と脚が、平均よりも長いか短いかを知ってからフレームを選ぶべきだ。

ジオメトリ

サイズの次に重要なのが、ジオメトリ。

フレームを構成するパイプの角度や長さをジオメトリという。僕がロードバイクに乗りはじめた頃は、まだ素材がクロモリ[1]だった。クロモリはオーダーフレームが当たり前だったから、ジオメトリも好きに注文できた。

ところが、カーボンフレームが主流の今では、ジオメトリをいじることができない。そのせいか、ジオメトリを気にする人が減ってしまったのはもったいないと思う。なんとなく、難しいイメージがあるせいかな？

そんなに難しく考える必要はないと思う。代表的なところだけお伝えしよう。

まず、フォーク。**僕は、初心者ほどフォークの角度は寝ている方がいいと思う**。直進安定性が高まるからだ。ハイエンドのフレームのフォークは、クイックさを求めてフォーク角が立っているものも多いけれど、慣れていない人には危ないかもしれない。

同じように直進安定性に関係する要素として、前後のホイール間の距離であるホイールベースがある。ホイールベースが長いと安定するから、乗りやすい。ただし、今のバイクのホイールベースにはあまり差はないし、長すぎるともたつく欠点もあるから、あまり気にしなくてもいいかもしれない。

見落とされがちなのが、ヘッドチューブ[2]の長さだ。

最近のバイクは、ヘッドチューブが長いものが多い。ハンドルの位置を高くして、上半身が楽になるアップライトなポジションをとるためだろう。

ステム[3]とヘッドチューブの間にスペーサーを挟むことでハンドルの位置を上げることができるけれど、強度の問題があるから限界があるし、格好悪い。じゃあヘッドチューブそのものを長くしてしまおう……ということだと、僕は推測している。

ところが、今度は逆に、ヘッドチューブが長いせいでハンドルの位置を下げにくいという問題が出てきてしまった。

プロのバイクを注意深く見ている人ならば、最近、「首下がり」のステムを使っている選手が多いことに気付くはずだ。首下がりのステムとは、下向きの角度がきついステムのことを言う。

なぜ首下がりのステムを使うかというと、ハンドル位置を下げるためだ。ヘッドチューブ[3]が長すぎるから、スペーサーを抜いて限界までハンドルの位置を下げても、まだ物足りない。だから止むを得ず、ステムで調整しているということだ。体とフレームサイズが合わないと、こうなる。

ただ、格好悪い（でしょう？）。それから、ハンドリングが非常にクイックになってしまうから、危ない。

もちろん、ヘッドチューブが短すぎても問題だ。だから、フレームを選ぶ際には、ヘッドチューブの長さが適正か、注意して見たほうがいい。短すぎることを警戒する人は多いけれど、逆に長すぎるのもまずいということだ。

アレハンドロ・ペタッキのバイク。首下がりのステムでハンドルの位置を下げている

最後に、ちょっと細かいことを付け加えると、上りを重視する人はシート角が寝ているフレームのほうがいいと思う。上りが走りやすいからだ。たぶん、シート角が寝るとサドルの位置が後ろになることで重心も後ろに移動し、安定するからだと思う。僕以外にも、チーム右京にいたクライマーの狩野智也さんも同じことを言っていた。

［1］**クロモリ**　クロムモリブデン鋼の略。近年になり、アルミやカーボンが台頭するまではフレーム素材の主流だった。

［2］**ステム**　ハンドルを固定するパーツ。位置を上下したり、長さが違うステムに交換することでポジションを変更できる。

［3］**ヘッドチューブ**　フォークとステムとの間に位置するチューブ。ヘッドチューブが長いとハンドル位置が高くなる。

剛性、しなり、振動吸収性

フレームに関して、もっとも注目されるのが、いわゆる剛性だろう。**ただ、剛性が単に硬さを指す言葉ではない点には注意が必要だと思う**。高剛性でよく振動を吸収するフレームはあるし、よくしなるのに剛性が高いフレームもある（振動をモロに伝えるくせに、剛性が低い困ったフレームもある）。

フレームの「硬さ」には、厳密には3種類あると思う。この3つは互いに関連があるけれど、別のものとして扱ったほうがいい。

まず、振動吸収性。これはもちろん高いほうがいい。振動吸収性は剛性とトレードオフだと思っている人が多いけれど、それは違う。剛性が高いのによく振動をいなすフレームはある。独立した、ひとつの要素だと考えたほうがいいだろう。

次に、しなり。脚質や乗り方によって多少の差はあるだろうけれど、フレームにしなりが必要なのは間違いない。**フレームにしなりがあると、バネのように、その反発力を利用して効率よくバイクを前に進めることができる**。特にダンシングでは重要だと思う。

ただし、しなりすぎると力が逃げる（ふにゃふにゃのバネの上で飛び跳ねることを想像してほしい）。だから、フレームは「コシ」が重要だ。イメージとしては、3～4％だけしなった後に強力に押し返してくるのがコシだ。ただし、適したコシの程度は個人差があるだろう。

そして、剛性。ここで言う剛性とは、ペダリングの力を逃がさないことだ。

剛性は振動吸収性としなりとは別の要素だけれど、関係はある。剛性が高いほど、振動吸収性は落ち、しなりがない傾向があるけれど、あくまで傾向。先ほど言ったように、高剛性なのによく振動を吸収して、しかもしなるフレームはある。

高いパワーを出せる選手ほど、高い剛性を必要とする。**けれど、高剛性＝いいフレーム、というのは明らかに間違いだ**。パワーに対して剛性が高すぎると、疲れてしまう。体が、フレームに対応できない。膝や腰を壊してしまう。

どのメーカーも、ハイエンドになるほどフレームの剛性が増す。ハイエンドが想定しているのは、プロ選手だ。

だから、ホビーレーサーにはハイエンドのフレームは硬すぎるんじゃないかな。セカンドグレードのほうがいいんじゃないか。硬すぎるフレームは乗りこなせないと思う。

そのフレームの剛性があなたに合っているかどうかを見極めるには、１００㎞なり２００㎞なりを走った後の疲れ具合を確認すればいい。硬いフレームは疲れる。硬いと感じたり、疲れたりしたら、それは剛性が高すぎるということだ。

でも、そういうフレームに限って、ひと踏み目は軽快でよく進む印象を与えたりするから、性質が悪い。フレームの試乗は最低１００㎞は必要だと思う。

付け加えると、特に剛性が重要になるのはＢＢ[1]付近だ。ここは、体でいう体幹なので、ＢＢ周りに関しては、硬いほうがいい。

振動吸収性、しなり、剛性。この3つを分けて考えつつ、セカンドグレードで自分に合うフレームを探してみよう。

フレームに関しても好みの差は大きい。昔のチームメイトだと、ジョン（・デゲンコルブ）は見かけによらず細かい男で、フレームへのこだわりが強かった。「スプリントでもがきはじめて１３００Ｗから１５００Ｗに移る領域での安定感が欲しい」とか言っていたけれど、僕にはちんぷんかんぷんだった。まあ、彼なりの理由があったんだろう。

[1] BB　ボトムブラケットの略称。クランクを固定するパーツ。

ホイール

マビック、シマノ、ＦＦＷＤ……僕はいろいろなホイールに乗ってきた。

ホイールは、フレーム以上に走りを変える。しかし高ければいいというものじゃない。バランスが重要だ。

ホイールの主な要素は、軽さと剛性だけれど、この両方が、あなたの脚力やコースに合っていなければいけないということだ。さらに、ハブの転がりやブレーキの利きは、良いに越したことはない。

軽すぎるホイール、硬すぎるホイールは、あまりお勧めできない。

たとえば、ドイツにライトウェイトというものすごく高いホイールがある。すごく硬くて、しかも軽い。僕も使ったことがあるけれど、こんなに高くても最高のホイールというわけじゃない。どのホイールが最高かは、脚力とコースが決める。

高級なホイールほど高剛性で軽量だけれど、そういうホイールは初心者には使いにくいと思う。

剛性が高いホイールはまず、コーナーでの「許容範囲」が狭い。ホイールがタイヤに負担を与える感じがするから、慎重に走らなければいけない。

ちょっと難しい話になるけれど、コーナーリングの最中に、お尻や手で横G[1]を感じられるはずだ。そして、一定以上の横Gがかかると、「あ、これ以上だと滑る」と感じられる。お尻や手で、危険領域に入ることを感じとれる。

ライトウェイトなどの高剛性ホイールは、この危険領域がとても狭い。だから、扱いにくい。いっぽうで、少し剛性が落ちるホイールならば、この領域が多少広がるからコーナーリングが楽になる。ただ、剛性が低い分ペダリングへの反応は鈍くなるから、レースで勝つことを考えると、ベストとはいえないのだけれど。

つまり、バイクコントロールの技術次第で、どの程度硬いホイールを使えるかは変わってくる。

リムを高くすることで空気抵抗を減らすディープリムホイール

それに、ホイールの硬さはフレームの剛性と同じで、人によっては疲れるかもしれない。乗りこなすことが難しくなる。

あと、高いホイールほどリムが軽くなるけれど、軽すぎるのも考え物だ。ヒルクライムにはいいけれど、軽いせいで慣性の力が働かないから、平坦ではずっと踏み続けなければいけない感じがする。平坦では、ホイールにはある程度の重さが必要だと思う。

なお、転がりと空力[2]は良いに越したことはないけれど、空力の良さ（＝リムの高さ）はリム重量とトレードオフなので、ここだけを追求するわけにはいかない。パワーが出せる選手、つまり高速で走れる選手ほど空力の良さを必要とするから、よりディープなリムを必要とする。いっぽうで、パワーがそれほどないならば、あまりディープなリムを装備しても、重くなるだけだ。

たとえば、ジョンやキッテルはフロント50㎜、リア80㎜という組み合わせが多かった。曰く「スプリントで伸びるんだよ」ということだけれど、僕の1200Wくらいのスプリントでは、80㎜のリムの良さは感じられなかった。

それに、リムが深くなるほど横風に煽《あお》られる危険も大きくなる。ヨハネス・フローリンガー[3]はディープリム嫌いで、彼が50㎜以上のリムを履いているのを見たことがないけれど、たぶん操作性が落ちるのが嫌だったんだろう。

僕の場合、平坦なら50㎜前後、山岳なら35㎜前後のホイールを選ぶことが多い。前後のリム高を揃えなければいけないという決まりはないので、リアに、フロントよりもディープなホイールをチョイスすることもある。


ディープリムホイールは格好いいから人気があるけれど、格好だけで選ぶのは危険だ。

以上のことを踏まえると、ベストのホイールはコースによって変わることがわかる。富士あざみラインのような短いヒルクライムなら、上りしかないし、距離が短いから疲労の問題もないだろうから、とにかく軽くて剛性が高いホイールがいいだろう。平坦がメインのレースならば、ある程度重さがあって（つまりディープリム）適切な剛性のホイールがいいだろう。

ブエルタ・ア・エスパーニャ2012で超級山岳クイトゥ・ネグルを行く。ホイールのリムは前後とも35㎜

結論から言ってしまうと、ほとんどのホビーレーサーにとっては、よほどのヒルクライムじゃない限り、30㎜〜50㎜程度のカーボンディープリムホイールがいいと思う。

50㎜以上のリムは必要ないんじゃないかな？　キッテルやジョン並みのパワーを出せるホビーレーサーはそうはいないだろう。

ホイールの剛性は、フレームとの相性もある。**基本の組み合わせは、柔らかいフレームには硬いホイール、そして硬いフレームには柔らかいホイールだ。**もしフレームが硬いと感じる場合は、履くホイールの剛性をちょっと落とすことで調整できる。その逆のこともできる。

最後に付け加えると、レース用のホイールはチューブラー[4]がいいと思う。あえてクリンチャー[5]を選ぶ理由は見当たらない。ただ、トレーニング用のホイールは、パンクのリスクを考えると、クリンチャーのほうがいいだろう。トレーニング用には、丈夫なアルミ製のクリンチャーホイールを1セット、用意しよう。

ホイールはちょっと高いパーツだけど、走りへの影響は大きいから、がんばってお金を出す価値はあるはずだ。

[1] **横G** コーナーリングの最中にかかる、遠心力による力。

[2] **空力** 通常は、空気抵抗が少ないことを「空力がいい」と表現することが多い。

[3] **ヨハネス・フローリンガー** 1985年〜。ドイツ出身。ゲロルシュタイナー、ミルラムを経て2011年からスキル・シマノに移籍。

[4] **チューブラー** チューブとタイヤが一体化したタイプのタイヤ。ホイール全体の重量を抑えられるメリットがある。

[5] **クリンチャー** チューブとタイヤが別になっているタイプのタイヤ。パンクの修理が容易。

タイヤ

ホイールに続いてタイヤにも触れておこう。タイヤも、ホイールと並んで手を抜けないパーツだ。まず、最近もっとも話題になっているのは、幅だろうと思う。ずっと23C[1]が主流だったけれど、最近は変わってきた。

ヨーロッパではすでに、25Cが主流になっている。僕がヨーロッパにいるうちにだんだんと太くなって、2012年は25Cの選手がほとんどだった(僕も25Cを履いていた)。なお、これは通常のレースの場合で、石畳のレースではもっと太くなる。

太いほうが重くなるけれど、(同じ空気圧での比較ならば)太いタイヤのほうが転がり抵抗が低くなるという説がある。ということは、(同じ転がり抵抗での比較ならば)太いタイヤのほうが空気圧を下げられるから乗り心地が良くなるということでもある。そのあたりのメリットが重視されるようになったから、25Cが主流になったんだろう。

ただし、日本の路面は綺麗だ。だから、軽さを重視するならば23Cという選択肢もある。でも、個人的には25Cのほうが好きかな……。

空気圧はごくごく常識的。体重58kgの僕の場合、だいたい7気圧から8気圧の間で調整する。路面が荒ければ気圧を下げ、綺麗ならば上げる。なお、雨の日のクリテリウムなんかでは一気に6気圧強まで下げる。リスクは避けなければいけない。

気圧を上げると転がり抵抗が減るから楽に思えるけれど、路面の凸凹を逃してくれなくなってしまう。

すると、疲れる。タイヤが路面から跳ねてトラクションやグリップが落ちるのも欠点だけれど、なんといっても疲れるのが問題だ。

タイヤも、選手の好みが大きく分かれるパーツだった。タイヤの銘柄や幅のチョイス、空気圧など、いろいろ試してみるしかない。

タイヤに関しては、プロとホビーレーサーでは大きく違うだろうと思われる点がひとつだけある。それは、交換の頻度だ。

プロは（少なくとも僕がいたシマノでは）タイヤを、リアは3レース、フロントは5レースで交換していた。1レース200㎞強なので、リアタイヤは700㎞持たないことになる。もちろん、前後のタイヤを交換するローテーションはしない。

実際、700㎞も走るとタイヤの能力が落ちてくるのがわかる。だから、せめて1000㎞くらいを上限にして新しいタイヤに交換したほうが、本当はいい。

もっともこれは、スポンサーから大量にタイヤを貰えるプロだからこその話だ。高級なタイヤは高いから、同じことをするのは難しいと思う。

ただ、プロが、タイヤというパーツをそこまで重視していることは、知っておいてもいいかもしれない。路面と接する唯一のパーツが、タイヤだ。

［1］**23C**　タイヤ幅が23㎜であることを意味する。

コンポーネント

申し訳ないけれど、コンポーネントに関してはあまり有効なアドバイスはできないかもしれない。というのも、僕はシマノの歴代「デュラエース」[1]しか使ったことがないからだ。シマノの他のグレードのコンポーネントや、他社のものについてはわからない。

さらに言うと、僕は「電動第一世代」の選手でもある。プロ入りして数年で電動変速のデュラエースが登場したので、僕はずっとそれを使ってきた。その意味でも、コンポーネント遍歴にちょっと偏りがあることは否めないかもしれない。

それでも、プロとしての僕の経験には何らかの意味があるかもしれないから、コンポーネントについてもお伝えしようと思う。

なお、電動変速コンポーネントは、今はデュラエースのひとつ下のグレードである「アルテグラ」にも用意され、ぐっと身近になった。僕は基本的に、電動を薦めたい。電動で困ったことはほとんどないからだ。充電し忘れたり、落車で断線したりというリスクがないわけではないが、まあ、ほとんど気にする必要はないだろう。

コンポーネントといえば、中学生のころ、ランス・アームストロングに憧れて、彼のようにフロントの変速レバーだけをWレバーにしていたことを思い出す。もちろん、今はそんなことはできないな。いろいろな意味でね。

［1］**デュラエース**　シマノが展開する各コンポーネントの最上級に位置するグレード。

ブレーキ、クランク長

さて、最初に言った理由で、コンポーネントについてはあまりお伝えできることがないのだけれど、ブレーキについては気になることがある。

ホビーレーサーはたいがい、ブレーキを閉めている。ブレーキを開放するのはホイールを外すためだから、普段閉めるのは当然に思えるかもしれないけれど、**アルゴスではレースによってはブレーキを開放してスタートしていた。**

それは、ブレーキングを繰り返しているうちにブレーキシューが減ってくるからだ。ブレーキを閉めてスタートしてしまうと、シューが摩耗するにつれ、最悪ブレーキが利かなくなってしまう。雨の日は特に減りが早い。

しかしブレーキを開放しておけば、シューが減るのに合わせて、ちょっとずつブレーキを閉めることができる。すると、ブレーキレバーの引きしろは変わらない。これが、ブレーキを開放してスタートすることがある理由だ。

アムステルゴールドレース[1]や、リエージュ〜バストーニュ〜リエージュ[2]など、アップダウンの続くレースでは、ブレーキを全開にして出走していた。ただ、走りながらブレーキをいじるのは、落車に繋がったり、指を飛ばしたりととても危険なので、お勧めはしない。まあ、日本ではブレーキを開放して走る必要があるレースはまずないはずだ。

こだわる人はこだわるクランク長[3]だけれど、僕はこだわりはない。ずっと170㎜を使ってきた。一度172・5㎜にしてみたことがあるけれど、違和感があったのですぐに戻した。

ただ、ペダリングが低回転で、トルク重視の選手は、同じくらいの身長でも172・5㎜を使っている場合があった。サイモン・ゲシュケ[4]は僕と同じくらいの身長だけれど、クランクは172・5㎜だった。ジョンも172・5㎜。身長183㎝のキッテルくらいでかい奴になると、クランクも175㎜だった記憶がある。

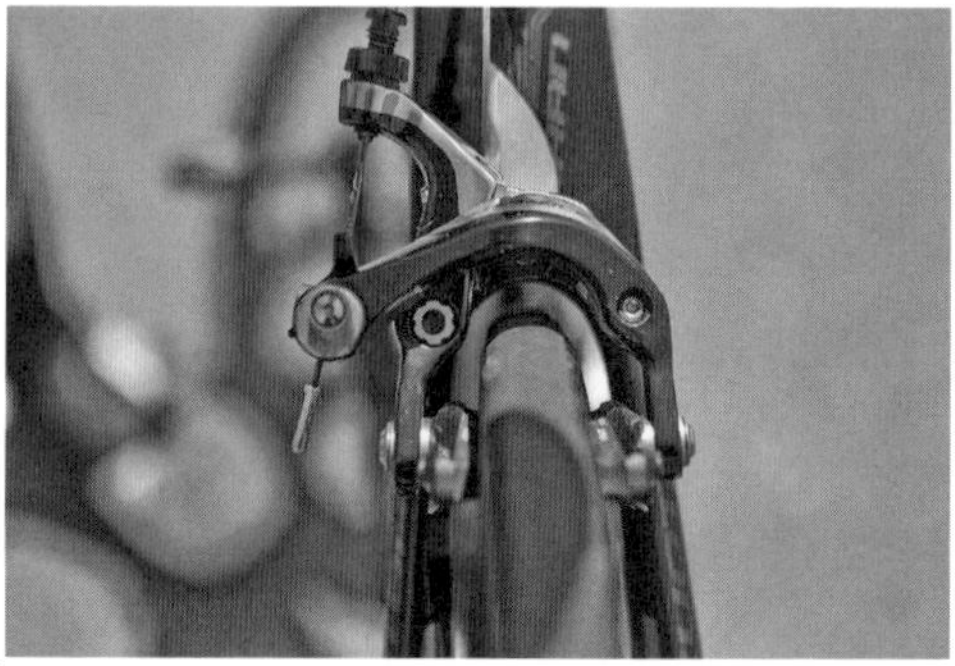

ブレーキを開放した状態。シューが摩耗しても、ブレーキを閉めることで、ブレーキレバーの引きしろを確保できる

[1] **アムステルゴールドレース** 4月中旬にオランダで行われるワンデーレース。アップダウンの多さが特徴。

[2] **リエージュ〜バストーニュ〜リエージュ** 4月下旬にベルギーで行われるワンデーレース。アムステルゴールドレース同様、アップダウンが多い。

[3] **クランク長** 165㎜程度〜175㎜程度までクランク長が用意されている場合が多い。

[4] **サイモン・ゲシュケ** 1986年〜。ドイツのレーサー。2015年ツール・ド・フランスの第17ステージを制した。

ギア比

ここはちょっとした小技がある。

今は、クランクギア[1]には通常の「ノーマル」とは別に、ギア比が低い「コンパクト」が用意されている場合が多い。ノーマルの歯数は普通、アウターが53 t、インナーが39 t。コンパクトはアウターが50 tで、インナーが34 t、というのが相場になっている。

これはあまりスピードを出さない、つまり重いギアを必要としないホビーレーサー向けのアイテムだと思う。したがって、プロはほとんどコンパクトクランクは使わない。

しかし例外があって、最大勾配が30％近くなるようなブエルタの厳しい山岳ではコンパクトを選ぶ選手もいた。勾配が厳しいから、ノーマルだともっと軽いギアが欲しくなってしまう。日本だと、富士あざみラインだけは、僕もコンパクトにする。

と書くと、皆さんは、いちいちクランクを付け替えるのか、メカニックは大変だ、と思うかもしれない。だが、そうじゃない。

プロがコンパクトを使う場合は、インナーギアだけを交換する。アウターはそのままだ。つまり、53 t－34 tという組み合わせになる（アウターまでコンパクトを使っている選手は見たことがないかな。シマノ以外のコンポーネントを使っていたチームはどうしていたんだろうか）。

これはもちろん、変速を考えると微妙だ。2枚のフロントギアの歯数の差が大きすぎるから、フロントの変速が上手くいかなくなる。実際、チェーン落ちも増える。

だから自己責任ということになるけれど、意外となんとかなった。チェーン落ちを防ぐためには、アウターからインナーに落とすときに荒い操作をしないよう注意するのがポイントになる。あと、チェーンをちょっと詰めて、張り気味にするのもコツだ（もっとも、僕が薦めるわけにもいかない。くれぐれも「土井ちゃんから聞いた」とは言わないでください）。

スプロケット[2]の歯数は、11t-25tが基本だった。平坦コースでもスプリンターを引っ張るときには60km／hくらい出るので、トップに11tは欲しい。厳しい上りでは、ロー側に27tを用意する。日本でも、富士あざみラインを走るときはそうしている。

[1] **クランクギア** クランクとフロントギアの組み合わせをこう呼ぶこともある。

[2] **スプロケット** リアホイールに装着され、チェーンによって伝えられるクランクの駆動力を受け止めるギア。

小物にこだわる選手たち

ハンドルやサドルなどの小物にも、選手たちは非常にこだわっていた。もちろん僕も。

ただ、やはり申し訳ないことに、そのこだわり方は実にバラバラで、あまりはっきりとした法則は見い出せていない。せめて、僕がヨーロッパで見て取ったおおまかな傾向だけでも紹介したいと思う。

まずハンドルからいこう。

ハンドルに関しては、ひとつだけ明確な法則があった。それは、スプリンターはみんなクラシックタイプ（丸ハンドルと呼ぶ人もいる）を選ぶということ。力を入れて握りやすいんだろう。僕も、スプリンターじゃないけれどこのタイプを使っている。

幅に関しては、秘密はない。肩幅に合わせる、という王道の方法で問題を感じたことはない。僕は外-外で420㎜のものを使っている。

サドルは……これも選手たちの好みが分かれすぎていて、法則みたいなものは無いと思う。僕は10年以上、セライタリアのSLRを使っていた。今はサドルも試乗できる時代だから、試してみるほかないと思う。

そういえば、アルゴス・シマノ時代に、メーカーからエンジニアが来て、合うサドルや適切な座り方を指導されたことがある。お尻にセンサーを付けて、コンピューターで解析していた。僕は問題ないということだったけれど、マシュー・スプリックというフランス人のチームメイトが、前座りすぎると指摘されていた。メーカーにとっては「正しい座り方」があるらしい。スプリックが指示に従ったかどうかはわからないけれど……。

バーテープは、スプリンターや石畳を走る選手は厚めに巻いていた（後者に関しては、ときには二重に巻く選手もいた）。ちなみに僕は、薄くも厚く

今でも愛好者が多いクラシックタイプのハンドル

もない。

さて、ややこしいのが、シューズに取り付けるクリート[1]の位置と角度だ。みんなとてもこだわるくせに、言うこともバラバラで困る。とはいえ、一定の傾向は見えた。

まず、クリートの角度。**これは脚（あるいは足）の角度に合わせよう。**僕はちょっとがに股気味なので、カカトどうしが近づくようにクリートの角度をセットしている。

最後に、クリートの前後位置だ。

僕が出会ったトレーナーは、選手の筋肉に合わせてクリートの位置を決めた。

腿の前にある大腿四頭筋が発達した選手ならばクリートを前へ。腿の後ろのハムストリングが太ければクリートも後ろへ……という感じだ。サドルの前に乗り、あるいはサドルを前方に出してペダリングする選手は大腿四頭筋が発達し、後ろ乗りの選手はハムストリングが発達する傾向にある。ただ、ペダリングのしかたも影響するだろうから、一概には言えない。

僕のペダリングは低ケイデンスのトルク型だ。[2]お尻でペダルを回すイメージ。そのせいか、僕はハムストリングに筋肉が付いている。クリートも一番後ろまで下げている。僕の場合、クリートを前に出すと変な感じがして、踏めなくなってしまう。

問題は、同じことを、つまり筋肉やフィジカルに合わせてポジションを決めるやりかたを、皆さんにも勧められるかどうかだ。

これは、クリートの位置に限らない、ポジションやフォームに関する重大な問題だと思うから、次の章でもっと詳しく触れる。**体が完成しているプロとは違い、ホビーレーサーはこれから筋肉をつける人も多いと思われるからだ。**

［1］ **クリート** 通常はシューズの裏に取り付けて、ペダルに嚙み合わせるパーツ。

［2］ **ケイデンス** 1分間あたりのペダルの回転数のこと。90回転前後が一般的とされることが多いが、個人差がある。

第3章

ロードバイクに乗る

ポジショニングとフォーム

ヨーロッパでは、ポジショニングの確認のためにこんなことをやっていた。

肘や膝など、体の「要所」に磁石のようなものを付けて、ローラー台の上でペダリングをする。その様子を横から撮影して、トレーナーが解析する。

雑誌などで、こういう風景を見たことがある人もいるだろう。そして、「こんな高度なことをやっているなんて、やっぱりプロには適《かな》わないな」と思ったかもしれない。**しかし心配はいらない。**

この解析は、単純に、選手がどんなポジションで乗っているかを確認しているだけだ。少なくとも、僕がいたシマノではそうだった。ローラー台とカメラがあれば誰でもできることを、少し正確にやっているに過ぎない。もっとも、第三者の力を借りたポジションやフォームの確認を怠っている人は意外と多いのかもしれないけれど……。

ポジショニングに限らず、プロが、何かアマチュアには決してマネできない特別なことをやっていると思っている人は非常に多い。しかし僕が見た限りでは、ヨーロッパのプロが魔法を使っているわけではない（一部の、使ってはいけない魔法の薬を除けば）。「プロは特別なんだ、敵いっこない」と思い込んでしまった瞬間に、上達への道は閉ざされると言っても過言ではないと思う。

それは思考停止だ。

じゃあ、ポジショニングとは何なんだろうか？

ポジショニングの基本的な考え

ポジショニングの目的は、高いパワーを出せるポジションを見つけること……では決してない。ここがポジショニングについての一番大きい誤解だと思う。

たぶん、パワーメーターが普及した弊害なんだろう。パワーが出る＝速い、と思い込んでいる人が、コンフォートなポジションにしてパワーを出そうと四苦八苦している姿をけっこう見る。

けれど、レースはパワーを競う場所じゃない。どれだけ早くゴールに飛び込めるかを競うのがサイクルロードレースだ。極論を言えば、パワーはどうでもいい。2位の選手よりも先にゴールに入りさえすれば。

もうちょっと正確に言うならば、パワーは小さければ小さいほどいい。ただし、スピードが同じならば、だけれど。

スピードが同じでも、必要なパワーがより小さいということは、自転車を進めるための効率がいいということだ。それは、脚を残せるということを意味している。そして、効率の良いポジションとは、空力がいいポジションのことだ。

だから、いくらパワーが出るポジションでも、空力が悪ければ何の意味もない。普通、パワーを出しやすいコンフォートなポジション（ハンドルが高い・近い）にするほど、空力は悪くなる。逆に、空力ばかりを追求して苦しいポジションにしてしまったら、パワーが落ちてしまう。空力（効率）とパワーはトレードオフだと言っていいだろう。

つまり、ポジショニングとは、空力（効率）**とパワーという相反する2つの要素の、妥協点を探ることだと言っていいと思う。**くだけた言い方をすれば、楽に速度が出るポジションを探るということだ。空力に振っても、パワーに振ってもだめだ（ただし、TT[1]は例外になる。TTは時間も短いから、空力だけを追求してもいい）。

[1] TT　タイムトライアル。～1時間程度の短時間を独走し、そのタイムを競う種目。

空力の大切さ

空力、あるいは風という要素は、日本ではなぜか軽んじられている印象を受ける。

ヨーロッパではよく「頭をもう1㎝下げろ！」と怒鳴られたけれど、日本ではどうだろう。ポジションからは離れるけれど、ヨーロッパの選手が常にスリップストリーム[1]に入るのも、風のことを考えているから。どんなに強い選手でも、風を敵に回してしまったら、勝てない。風と上手く付き合うことは、選手としてもっとも大切な力のひとつだ。

ある、グランツール も勝ったレーサーが、ITT[2]で背中にタオルを入れていたのを見たことがある。空気の流れを整えて、空力を良くするためだろう。背中にタオルを入れれば速くなることは誰でも知っていたけれど、もちろん違法なので、みんな驚いた。案の定、あとで彼はペナルティーを受けたように記憶している。

僕が言いたいのはズルをしようということではなく、空力がこれほど大切だということだ。特に、ライダーのポジションやフォームによる空力の変化には敏感になるべきだ。フレームやヘルメットの形状とか、ホイールのリムハイトにやたらとこだわる日本人は多いけれど、それよりも頭を1cmでも下げたほうがよっぽど効果があると思う。

時速20km／hもあれば、フォームによる空気抵抗の差はわかる。僕が特に敏感なわけではない。**こういう、数値化が難しい要素を感じ取れる能力は、選手として重要だ。**

［1］**スリップストリーム** 走行中の選手の後ろにできる風の流れ。スリップストリームに入ることで、パワーを節約できる。

［2］**ITT** Individual Time Trialの略。個人タイムトライアルのこと。

ポジショニングの流れ

さて、それでは具体的なポジショニングについて話そう。

まずは、冒頭で言ったように、友人に手伝ってもらうなどして、今現在の自分のポジションを客観的に確認する。「基本的なポジション」が出ているか、チェックするわけだ。ちなみに、ここでチェックするのは、サドルとハンドルの位置（高さと前後位置）だ。おそらく、ホビーレーサーのかなりは、ハンドルが（本人が思っているよりも）近く、上半身が起きているはずだ。サドル位置も、妙に前乗りだったり、逆に後ろに位置していたりすることに気付くと思う。

次は、実走。今言ったサドル位置とハンドルの高さを微妙に調整しながら、実際に走って速度とパワーを確認するということだ。なお、実走は風の影響がないトラック（屋内競技場）でやることが多かった。これだけはマネしにくいかもしれないけれど、車の来ない平坦な周回コースを見つければ、ほぼ同じことはできる。

サドル位置を後ろにするほど前傾がきつくなり、空力が良くなる。また、ハンドルを前に出すほど、あるいは下げるほど、やはり前傾が深まり空力は良くなる。しかし空力とパワーはトレードオフだから、やりすぎるとパワーが落ちてしまう。

そこで、まずは基準となる速度を決める。僕の場合は、時速40km／hのことが多かったように思うけれど、別に35km／hでも30km／hでもいい。

次に、サドルとハンドルのポジションをいろいろと変えながら、基準の速度で必要とされるパワーがどう変わるかを調べる。もちろん、パワーが小さいほど空力がいいポジションだということだ。すると、あなたにとって一番空力がいいポジションがわかるだろう。

しかし、感覚も重要だ。空力が良くても、苦しい、つまりパワーが出しにくいポジションでは意味がない。だから、ちゃんとレースのスタートからゴールまでパワーを維持できるかどうかも確認しなければいけない。**するとたぶん、一番空力がいい状態よりは、少しコンフォートなポジションになると思う。**

プロはこの一連の流れを、パソコンやグラフを使いながら確認するけれど、最終的にはどうしても感覚頼みになってしまう。**だからアマチュアでも、ほぼ同じことができるんじゃないかな。**

さて、こうすれば現時点でのベストのポジションが見つかるはずだ……けれど、僕はまだ重要なことに触れていない。それは、そもそも「基本的なポジション」とは何か、ということだ。

これは非常に難しい問題だ。

ポジションはどうあるべきか

どういうポジションが正しいのか、というのはサイクリストの永遠の悩みだ。日本では、ポジションについていろいろな議論がある。雑誌でも特集されているのをよく見かけるから、人気のテーマなんだろう。

一番基本的なのは、入門書なんかでよく見る

・サドルは脚が下死点（もっともサドルから遠い位置）に来たときに膝がちょっと曲がるくらいの高さにする
・サドルの前後位置は、クランクを水平にしたときに、膝の骨の真下にペダルが来る位置にする
・サドル‐ハンドルの距離は、ブラケットを持ったときに肘にやや余裕が出るくらい

といったところだろう。

僕のポジションが、クリート位置が後ろであることを除けば、まさにこれに相当する。下の写真を見てもらえば一目瞭然だと思う。

基本的なポジショニング。ペダルは下死点にあるが膝には余裕がある。肘もわずかに曲がっている

ヨーロッパのプロも、実は基本的にこのポジションで走っている。

しかし近年は、これ以外の、いろいろ極端なポジションを勧める人も多い。なぜだろうか？

筋力とポジション

先に言った「基本的なポジション」は、プロのポジションを基にしているんだと思う。

けれど、僕がずっと不思議に思っているのは、どうしてアマチュアにプロと同じポジションを勧めるんだろう、ということだ。これはフォームについても言える。アマチュアにプロと同じフォームを勧めていいものだろうか？　疑問だ。

たとえば、(新城)幸也は非常に高いサドル位置で知られている。あと、これはフォームの話になるけれど、背筋を伸ばした独特のフォームだ。

けれど、こういったポジションやフォームは、幸也の人並み外れた筋力があってこそできるものだ。幸也の身体は、一般人の体とはまったく違う。

幸也に限ったことじゃない。同じことが、プロとアマチュアについて言える。プロの身体とアマチュアの身体は、主に筋肉のつきか

ジロの山岳コースを行く新城。脚が伸びており、サドルが高いことがわかる

たがまったく違うはずだ。

一般的に言われる「正しいポジション」が、プロのポジションを基にしているらしいことは言った。確かに教科書的なポジションは、プロにとっては正しいんだろう（少なくとも、僕にとってはもっとも効率的なポジションだ）。

けれど、そのポジションがアマチュアにとってもベストだと、どうして言えるんだろうか？ プロのハンドルが遠くて低い位置にあるのは空力を追求した結果だけれど、このポジションでペダリングを続けるには、体幹の筋力がかなり必要になる。アマチュアが同じポジションをとっても疲れるだけじゃないだろうか？

また、プロのサドルが、クランクを水平にしたときに膝の真下にペダルが来る位置にあるのは、十分に発達したハムストリングや大臀筋があることを前提にしている。同じことをアマチュアに求められるだろうか。

無理だと思う。プロの「正しいポジション」は、一般の人には苦しいポジションのはずだ。

ポジションについては、次のことが言えると思う。

いわゆる「基本的なポジション」は正しい、ただしプロ並みの筋肉が体についている場合に限る、と。

プロ並みに体ができている人は少ないだろうから、入門書などを見て形だけプロのポジションをなぞっても、すぐに苦しくなるはずだ。すると、ハンドルを近くしたりと妥協がはじまる。

だから最近、基礎的なポジションとは違う、不思議なポジションがたくさん流行っているんだと思う。**ああいうのは、みな妥協の結果なのかな。**体ができていない人にとっての理想的なポジションは、教科書通りのポジションとは違うに決まっているからだ。

不思議と言ったけれど、場合によってはありだとも思っている。たとえば、レースは一切考えず、週末にダイエットをしたいというお腹の出た人に、教科書的なポジションを勧めても意味はない。ハンドルを思いっきり上げて近くした、楽なポジションがいいだろう。

しかし、この本は速くなりたい人のために書かれている。トレーニングは苦しい。だから楽なポジションじゃだめだ。

「苦しい」ということは……

実は今、さらっと大切なことを言った。「教科書的なポジションは苦しい」ということだ。

苦しいというのは、あるいは疲れるというのは、つまりトレーニングになっているということだ。

体幹に負担がかかれば、体幹に筋肉がつく。上半身を使ったダンシングができていれば、上半身に自ずから筋肉がつくはずだ。

日本に戻ってからの僕は、基本的に筋トレはしていない。が、他の人に言わせると、僕の上半身はマッチョなほうだという（ダンシングが多いからだろうか）。「どんな筋トレをしているの？」と聞く人もいる。しかし、この筋肉は全部ロードバイクの上で作ったものだ。乗っているだけでも、下半身はもちろん、意外と上半身にも筋肉はつくものだ（逆に、ロードバイクの上でつかない筋肉は余計なウェイトになると思う）。

だから、ポジションに関する僕の結論は、多少苦しくても教科書的なポジションでトレーニングを積むべきだ、ということになる。そうすれば、自然と筋肉がつく。筋肉がついていない、未発達な体に合わせてポジションをあれこれ調整してしまうと、体の状態はトレーニングを積むにつれ、どんどんそのポジションが合うように変化するのだから、迷子になっちゃうんじゃないかと思う。

すべてのポジションは「普通」である

がっかりした読者も多いかもしれない。この本に、「ヨーロッパで走ったプロだけが知っているポジションの秘密」みたいなものを期待した人も多い気がするからだ。けれど、申し訳ないが、ポジションに関しても「魔法」はないと僕は思う。

土井ちゃんは何か隠しているな、と反発する人もいるかもしれない。雑誌などで見るヨーロッパの選手のロードバイクは、どれも特徴的なポジションになっているじゃないか、と。

それは、勘違いだと思う。僕に言わせれば、どの選手のポジションもすごく「普通」だ。

つまり、「教科書的だ」ということ。

ロードバイクを単体で見てしまうからまずいんだと思う。極端にサドルが前に出ていたり、ハンドルが低かったりするのを見て、ヨーロッパのプロのポジションが特殊だと結論づけてしまう人は多いようだ。

けれど、ロードバイク単体ではなく、乗り手とセットで見れば、そんな誤解も生まれないはずだ。ヨーロッパのプロはたいがい、日本人よりも大きく、さらに手足も長い。そのせいでポジションが特殊に見えるのだけれど、乗っている姿を見れば意外と普通に見えるはずだ。

彼らのサドルが前に位置しているのは、フレームサイズが大きいとトップチューブが長くなるせいだ。フレームサイズが大きいのは、もちろん体がでかいから。

また、彼らのハンドルが低いのは腕が長いせいで、サドルが高いのは脚が長いせい。みんな、ちゃんと理由がある。だからいざロードバイクに乗っている姿を見れば、一見極端に見えるポジションの選手でも、教科書通りに落ち着いていることがわかるだろう。

アンドレイ・カシェチキン[1]が165㎜くらいの特注ステムを使っていたのを見たことがある。法外な長さだけれど、カシェチキンが乗ればごくごく普通のフォームになる。ステムが長いのは、彼の腕が長いせいだろう。ということは、カシェチキンのポジションも「普通」だということになる。ジョンもキッテルも、ポジションはものすごく「普通」だった。

ただ、体の大きさや骨格は皆違う（これは日本人でも同じことだ）。だからポジションは一見バラバラになるけれど、**身長と手足の長さがまったく同じ選手のポジションは、実際はほとんど同じになっていると思う**（もっとも、使っているロードバイクやパーツが違うので、やはり一見バラバラに見える可能性はある）。

この、体の個人差を考慮せずに「自分流」ポジションを勧める人が多いから、ポジション論が乱立するんだと思う。ポジションの真

カシェチキンの、特注の165㎜のステム

実は、案外平凡なんじゃないかな？

ちなみに身長170㎝の僕は、トップチューブ長515㎜のフレームに120㎜のステムを付けている。サドルとハンドルの落差はあまりない。日本のホビーレーサーは大きいフレームを選ぶ傾向があるけれど、それは手足の短さを考慮していないから。2章で話したように、身長だけでフレームサイズを選んではいけない。

まだ十分に走り込んでいない人が、現時点で楽になることを求めて中途半端なポジションにしてしまうよりも、**教科書的なポジションを出し、地道に乗り込むのがベストだと、僕は思う。**

［1］**アンドレイ・カシェチキン**　1980年〜。カザフスタン出身の大柄なレーサー。長いステムを使うことで知られる。

トレーニングは筋トレでもある

まだ、乗り始めて日が浅いホビーレーサーにとってのロングライドは、心肺機能のトレーニングという側面はもちろんあるけれど、それ以上に、**まずは何といってもレーサーとして必要な筋力をつけるための、筋トレでもあるはずだ。**この要素はなぜか軽視されている。

ホビーレーサーの身体とプロの身体を比較した場合、心肺機能やライディングテクニックにはもちろん大きな差があるだろうけれど、まず目に付くのが筋肉量の違いだ。プロの身体をよく見てほしい。腰回り～大臀筋にかけて、たっぷり筋肉がついている。上半身も、細い体幹がきっちりと筋肉で覆われている（これは、ジャージの上からではわかりにくいかもしれないが）。まずは筋肉を正しくつけることだと思う。

筋トレをした経験がある人ならわかるかもしれないけれど、筋肉は比較的短期間でつく。一ヵ月も腕立てをすれば、腕や胸板の厚さが変わってくるだろう。

短期間でつくということは、短期間で落ちるということでもある。仕事が忙しくてしばらくトレーニングできなかった人が、久々にロードバイクに乗ると、筋肉が落ちているから、ちょっと苦しいだろう。

腰回りと腿の筋肉が、大きなパワーにつながっている

けれど、絶対にそこでポジションを変えてはいけない！ ここで変えてしまうと、先に述べたような堂々巡りに陥り、訳がわからなくなってしまう。

成長期の子供を除いて、あなたにとっての適正なポジションというのは、ずっと言ってきた「教科書的なポジション」ただひとつだけだ、と断言してしまおう。もちろん、ちょっとしたポジションの変更をする選手も、強いて探せばいると思うが、例外だ。僕ももう何年も、ポジションは変えていない。適切なポジションが出たと思ったら、ちゃんとテープなりマーカーなりで書き込むなどして、位置を記録しておこう。

僕も、シーズンはじめにロードバイクに乗ると、正直言って苦しい。あちこちの筋肉が落ちているからだ。ハンドルがやたら遠く感じられ、体幹はきつく、お尻が痛い。腿の裏、ハムストリングが疲れる、などが症状だ。けれど、そのポジションのまま1〜2クール（↓4章）乗り込めば、違和感は消える。筋肉が戻ってくるということだ。**基本的な、教科書的なポジションのバイクで乗るということは、レーサーとして基本的な筋肉をつけるもっとも基礎的なトレーニングだと思う。** LSD[1]だ、インターバルだと難しいことを考えることもいいけれど、まず筋肉がついていなければお話しにならない。

まずは奇をてらわないポジションを出し、距離をある程度の強度で（↓5章）乗り込むこと。ヨーロッパのプロもみなそうしている。そこに魔法はない。あなたの身体に合ったポジションは、ひとつしかないと思う。まずはそれを見つけよう。

ただし、ここでひとつ注意してほしいことがある。**それは、筋力が付いていない＝ポジションが確定していないうちは、あまり強度を上げてはならないということだ。** 高強度のトレーニングは筋肉を傷めてしまうこともあると思う。

その意味でも、ある程度の強度で長距離を乗り込む「LMD」はとても重要なのだけれど、それについては5章で。

［1］ **LSD** Long Slow Distanceの略称。長距離をゆっくりと走るトレーニング。

アマチュアとプロは、簡単に見分けられる

さて、ここからはフォームの話になる。フォームとポジションは切っても切れない関係なので、まずポジションの話をする必要があった。

その人がプロかアマチュアかどうかは、チームのジャージを着ていなくても、パッと見ですぐにわかる。フォームが違うからだ。

何が違うのかを具体的に指摘するのは難しい。上体がぶれるとか、妙に背筋を丸めたり伸ばしたりしているとか、個別にはいろいろある気がするけれど、何とも言い難い。

それよりは、ロードレースファンがテレビで見慣れている、あの、プロのフォームとは違う、という表現をしたほうが手っ取り早いかもしれない。もちろんプロのフォームも個人差はあるけれど、ポジションと一緒で、実は皆、とっても「普通」だ。

アマチュアのポジションがどうして「普通」にならないのか。原因は単純で、やっぱり筋力不足だと思う。あるいは、筋力不足に基づく、ポジショニングの失敗だと思う。

例として、あとで詳しく説明するけれど、ダンシング（立ちこぎ）を挙げてみたい。僕のダンシングのフォームは、見ての通り非常に「普通」だ。上りの傾斜に応じてお尻の位置を微妙に調整して、体重がちゃんとペダルにかかるようにする。バイクがぶれて力が逃げないよう、腕でハンドルを押さえ込む。

読んだ人ががっかりするような当たり前のフォームだと思う。特徴があるとすれば、若干膝が開くことだけれど、これは僕が、がに股気味だからだ。

このように、基本的なフォーム＋体の作りの個人的な特徴（僕の場合、少しがに股）によってフォームは作られる。特殊なフォームは、やはりちょっと極端な言い方になるけれど、無いと思う。

ホビーレーサーでフォームが綺麗だと感じた人は、ほとんどいない。イナーメ信濃山形所属で、ツール・ド・おきなわ市民210kmを2回勝っている高岡亮寛《あきひろ》さんくらいかな？

必要な筋力がつけば、フォームは自然と綺麗になる。格好良くなる。そのための筋肉のある・なしが、アマチュアとプロの大きな違いだ。

「正しいフォーム」について

フォームというのは、ロードバイクの上での身体の使いかたのことだ。なお、僕は理想のフォームは「楽に、かつ速く走れる」ものだと思っている。パワーメーターに表示される数値ばかりが大きくてもしょうがない。

フォームに関する議論も、ポジションについてのそれと同じようにたくさんあって、どれが正解かわからない、という人が多いと思う。僕自身、みんないろいろなことを言うなあ、という感想を持っている。

そこで、あえて極論を言ってしまおうと思う。**ポジションについてお伝えした内容と重なるけれど、僕は、「正しいフォーム」はひとつしかないと考えている。**それは、さっき言った「普通」のフォームだ。

そんなはずはない、プロだってみな違うフォームで走っているじゃないか、という人もいるだろう。しかしそれは、単純に体格や走る場所が違うからだと思う。

同じ体格の選手に同じようなコースを走らせてみれば、フォームはおのずと似てくると思う。

たとえば、僕が直接見てきた選手について言えば、ランス・アームストロングとピーター・サガン[1]のフォームは似ていた。2人とも身長は180cm前後で、けっこう筋肉質なのも共通点だ。脚質は、ランスがオールラウンダー、サガンがパンチャー[2]という違いがあるけれど、平地なり上りなり、同じ場所を走っているときのフォームは実は似ている。

アームストロング（上）とサガン（下）

ファビアン・カンチェラーラとダニエーレ・ベンナーティ[3]も似ていた。2人とも、身長は180cm台半ばと大きい選手だ。カンチェラーラはタイムトライアルスペシャリスト、ベンナーティはスプリンターと、全然脚質は違う。だから、土井はいったい何を言い出すんだ、と思う人も多いかもしれないが、実際、似ていた。ただしもちろん、同じところを同じように走っている場合に限るけれど。

似ていると思いませんか？　僕は似ていると思う。

だいたい、そもそもフォームがみんなバラバラなはずはないと思う。たとえば、その道の達人たちの箸や筆の持ちかたがみんなバラバラであるはずはない（詳しくないけれど……）。自転車だって同じじゃないだろうか。

選手たちのフォームの違いというのは、単純に、身長や手足の長さ、骨盤の角度、膝の開き具合といった、身体の作りの違いによるものなんだと思う。それらを差し引けば、みんなほぼひとつのフォームで走っているんじゃないだろうか。

じゃあそのフォームってどういうもの？　という話になるだろうけれど、幸い、僕のフォームも（身体の作りの個性を差し引けば）「普通」なので、写真を見ながら解説したほうが速そうだ。

と、その前に非常に重要な話をひとつ、お伝えしたい。

[1] **ピーター・サガン**　1990年～。スロバキア出身のレーサー。若いが、すでに多くの勝利を挙げる。高い走行テクニックでも知られる。

[2] **パンチャー**　上りの能力とスプリントの能力をある程度併せ持つ脚質のこと。

[3] **ダニエーレ・ベンナーティ**　1980年～。イタリア出身のスプリンター。

ロードバイクの「難しさ」

世の中にはいろいろなスポーツがあるけれど、中でも特にロードバイクは、正しいフォームを身につけるのが難しい競技だ。

僕のアスリートとしてのキャリアは、実はアルペンスキーからはじまった。そこで、スキーと比べてみようと思う。

僕は今もたまに、スキーを人に教えることがある。そのたびに思うのが、スキーはロードバイクに比べて、なんて教えることが簡単なんだろうということだ。

なんで簡単かというと、スキーは乗りこなすことが難しいからだ。難しいから、簡単だ。

どういうことかというと、スキーはフォームが間違っていると、そもそもまともに滑れない。曲がれないし、止まれない。それ以前に、滑って転んでしまう。だから、誰でも自分のフォームが間違っていることに気付けるし、当然直しやすい。周囲も指摘しやすい。

けれど、ロードバイクは、多少フォームがおかしくても乗れてしまう。ペダルを踏みさえすれば前に進むし、変なフォームだからといって転ぶ人もいない。その意味では、非常におおざっぱな乗り物がロードバイクだ。自分のフォームが果たして正しいのか間違っているのかも、わかりにくい。自分のフォームのどこに問題があるか、気付いていない人がほとんどだと思う。

だから、自分のフォームが正しいか間違っているかを知るためには、スキーよりも長い時間がかかる。乗り込む必要がある。

乗り込めば、そのうちに、自分の身体の癖を感覚的につかめるようになるはずだ。すると、自然と効率的なフォームに移行しているだろう。ポジションも、自分の身体の癖に合わせて細かく調整できるはずだ。

「乗ると速くなる」ということには、こういう側面もある。単に心肺機能や筋力が増すだけではなく、自転車と身体が一体化するんだ。

いろいろな選手たちを見てきた経験から言うと、この能力にも大きな個人差がある。自分の身体に敏感で、**今の自分のフォームが適しているのか、いないのかを素早く理解できる選手は、早く伸びる。**

ただ、その場合であっても、自分にとっての正しいフォームを手に入れるためには、基本的なフォームを理解した上で乗り込むしかない。だから僕にできることは、基本的なフォームの紹介に限られる。ここでは基本中の基本である、シッティングとダンシングについてお伝えしようと思う。それ以外のフォームは、テクニックの解説という要素が強いから、6章で扱う。

シッティング

シッティングはもっとも基本的なフォームだけれど、一番難しいとも思う。ただし、次に紹介するダンシングと同じように、基本はあくまでひとつしかない。難しいからこそ、あまり難しく考えないこともポイントだ。

まずは比較的簡単な上半身から。**シッティングの最中に重要なことは、上半身がぶれないように固定することだ。**どうしてもペダリングにつれて左右にぶれてしまうから、それを防ぐために、軽く手で

手で軽くハンドルを押し返すことで、上半身を安定させる

ハンドルを押す。

速度を上げるにつれ、上体を倒していく。空気抵抗を減らすためだ。基本的なことではあるけれど、意外とできていない人が多い。

問題はペダリングだ。

まず知ってもらいたいのは、プロにとっても、高いケイデンスで綺麗にペダルを回すのは、簡単じゃないということだ。もちろん、高ケイデンスで回すだけならば誰でもできる。けれど、綺麗に回すのは難しい。

日本のプロでも、ペダリングが綺麗だと感じる選手はとても少ない。もしかすると、日本人選手とヨーロッパ人選手の一番の違いはシッティングでのペダリングかもしれない。向こうの超一流選手は例外なくペダリングが綺麗だった。カンチェラーラのような、いかにも綺麗な選手はもちろん、クリス・フルーム[1]のような一見ペダリングが乱れているような選手も、なんというのかな、きちんと「芯」をとらえていた。

速度を上げる場合は上体を倒す

効率よくペダルにトルクを伝えられるのがいいペダリングだけれど、それは難しい。体を安定させるための筋肉が必要だからだ。**普通の人は筋力が足りないから、どうしてもがちゃがちゃになってしまう。**効率が悪いペダリングになっている。

そんなペダリングではパワーがあまり出ないから、多くの人はそれを補おうとケイデンスを上げてしまう（パワーはトルク×ケイデンスなので、トルクがそのままでもケイデンスを上げればパワーが増す）。**すると、とりあえずパワーは出るけれど、ペダリングはますます乱れる。悪循環だ。**

だからまずは、低めのケイデンス（80rpmくらい）でしっかりとトルクをかけられるペダリング技術と筋力を身につけるべきだと、僕は思う。

効率のいい、大きなパワーを出せるペダリングのためには、脚先でちょこちょこまわすのではなく、たくさんの大きな筋肉を動員しなければいけない。まず大きな筋肉が先に動き出し、だんだんと末端の小さな筋肉に移行するのが理想だ。

そのために、ペダリングの最中に筋肉の動きを確認してみよう。

トルクをかけ始めた時に、まず硬くなる（力を発揮する）のは体幹の筋肉でなければいけない。写真の箇所に指を当てながらペダリングをして、ちゃんと体幹が使えているか確認してみよう。

次に「仕事」をする筋肉は、お尻を経て腿、特に、裏側にあるハムストリングに移る。ハムストリングもないがしろにされがちだけれど、非常に大きなパワーを生める。体幹と同じように指を当て、ちゃん

体幹は大きなパワーを生むことができる

と仕事をしているかチェックしなければいけない。

繰り返しになるけれど、中央の大きな筋肉→末端の筋肉、という順でパワーが伝わるのが理想だ。だから、いくらハムストリングが仕事をしているといっても、そこだけ力んでいては意味がない。体幹→臀部→ハムストリング、と順番に力が伝わっているか、指を当てて確認したほうがいいだろう。

こういうことを意識するためには、ケイデンスが高いと難しい。まずは低めのケイデンスで、ちゃんとトルクがかけられるようになるまでトレーニングを積んだほうがいいと思う。いきなり高ケイデンスにチャレンジしても、ペダリングが乱れるだけだ。

ハムストリングも大きなパワーを発揮できる

高ケイデンスで知られるランス・アームストロングのせい（?）で、やたらとペダルをくるくる回す人が増えてしまった気がする。しかし彼のペダリングは、高ケイデンス・高トルクという、筋肉とテクニックとを両方必要とする、人間離れしたものだ。レース中に後ろから彼のペダリングを観察したことがあるが、人間ワザではなかった。とてもじゃないが、マネできるものではない。

［1］ **クリス・フルーム** 1985年〜。イギリスのレーサー。2013年と2015年のツール・ド・フランスを圧勝したオールラウンダー。

ダンシング

ダンシングに関しては、「自転車を左右に振る」という大変な誤解が広まってしまっている。けれど、それはとっても危険な表現だ。振っても無駄に力を使うだけだ。

たぶん、ダンシングをするプロが一見自転車を振っている「ように見える」から、その形を真似ようとした誰かが広めたんだろうと思う。しかしプロは自転車を振ってはいない。実際は逆で、振れる自転車を押さえようとしている。

ダンシングで片方のペダル、この場合右ペダルを踏み込んだとしよう。すると、自転車も右に倒れようとする。

自転車が踏み込んだ側に倒れると、それだけペダリングのトルクが逃げてしまう。だからそれを防ぐために、踏み込んだ側のハンドルを引き、逆側のハンドルを押す。

また、この際、体がブレないよう注意すること

力を逃さないよう、踏み込んだ側のハンドルを引く。体が垂直になっている点にも注目

も必要だ。体は常に地面に対して垂直に立つ。

そして、ダンシングでもっとも大切なことは、重心だ。

ダンシングのメリットは、体重をペダルにかけられる点にある。だから当然、体の重心はペダルの真上にこなければいけない。

ところが、フォームに関するいろいろな理論が出回っているうちに、このもっとも重要な基礎がないがしろにされているように感じる。

次の2枚の写真を見てほしい。上は200Wくらいでまったりと上っている様子。下は、400Wくらいのハイペースだ。

強度が変わっても、重心の位置は変わらない

お尻の位置、つまり重心の位置がまったく変わっていないことがわかるだろうか？　何Wで走ろうが、ダンシングにおいて一番重要なのが、重心、つまり体重をペダルに伝えることであるのは変わらない。体を伸ばして、お尻を前に出した「休むダンシング」など、特殊なフォームを意識しすぎて、重心の位置

を守ることを忘れてしまう人は多い。

ダンシングの基本は2つだけだ。バイクが左右に揺れるのを手を使って押さえ込むことと、重心の位置をペダルの真上に持ってくること。まずはここからだ。

第4章

トレーニングの前に

トレーニング・ストレス・スコア

ゼーマンのモルモット

僕はヨーロッパで、マライン・ゼーマンというトレーナーに鍛えられた。だから僕のトレーニングプランの作りかたは、彼の影響を強く受けている。

ゼーマンは僕がいたアルゴス・シマノの専属ではなく、いろいろな選手を受け持っている売れっ子だったから、僕のトレーニングプランについての考えかたはヨーロッパのスタンダードからそれほどかけ離れていないと思う。

ただし、ゼーマンやデータ分析の専門家である「サイエンティスト」たちが何を考え、何をやっていたのかを僕ら選手が理解していたわけではない。僕たちに伝えられるのは、あくまで「何をこうしろ」というトレーニングプランだけで、そこに至った経緯は知らされない（モルモットが実験の目的を知らないのと一緒だ）。だから、これからお伝えする内容は、僕なりにゼーマンの教えを噛み砕いたものになる。

トレーニングプランを作る上で大切なのが、「強度」という概念だ。強度とは要するに「キツさ」のことで、心拍数やパワーを指標にする。ある程度トレーニングに打ち込んでいる人にとってはお馴染みの言葉だろう。

距離や時間もいいけれど、強度という考え方は、科学的なトレーニングのためには欠かせない。強度×時間が今のトレーニングの単位だ、と言ってしまっていいと思う。それはヨーロッパでも変わらない。

その考えに基づいてトレーニングプランを立てるためには、強度をいくつかに分類しなければいけない。どのトレーニングの教本にも、心拍数やパワーによる強度分類が載っている。

しかし、その前に知っておかなければいけないことがある。「トレーニング・ストレス・スコア」という概念だ。この概念は、トレーニングプランを作る上では欠かせない考え方だからだ。

トレーニング・ストレス・スコア

トレーニングは、疲れる。けれど、その疲れを回復させることで強くなるのだから、疲れること≠トレーニング、だと言っていいだろう。しかし、疲れすぎるとオーバートレーニングになってレースで力を発揮できなかったり、トレーニングの効率が落ちてしまう。

それを避けるために、どれだけのパワーでどのくらいの時間走ったかを記録することで、「疲労の度合い」を管理しようとする考えがある。その、数値で表された疲労の度合いをトレーニング・ストレス・スコア（TSS）という。

この言葉を聞いたことがある方もいるだろう。最近のパワーメーターには、自動的にTSSを算出してくれるものも多い。

今「算出」と言ったけれど、実は僕はTSSをどうやって計算すればいいのか知らなかった。計算はパワーメーター任せだったからだ。

どうやら計算式は複雑らしいが、僕の経験と、調べてみた結果から、大体次のことがわかった。

まず、30分~1時間程度を全力で走ったパワーの平均値を測る。これはAT（Anaerobic Threshold）やLT（Lactate Threshold）と呼ばれる値で、パワーを管理する上で基準になる数値だ。日本で広まっているFTP

（Functional Threshold Power）もほぼ同じなので、これ以降はＦＴＰと呼ぼう。

ＦＴＰのパワーで1時間走ると、ＴＳＳは100となる。 ＦＴＰで2時間走れば、ＴＳＳは200だ。

じゃあその半分のパワー（だいたいＬＳＤに相当する）で1時間走ればＴＳＳも半分になるかというと、そうじゃなくって、4分の1になる。時間あたりのＴＳＳが半分になるのは、パワーがＦＴＰのおよそ7割のとき。つまり、ＦＴＰの7割のパワーで2時間走るのと、ＦＴＰで1時間走ったときの蓄積ＴＳＳは同じ値になる。ＦＴＰの7割というのはＬＳＤよりはずっと上で、ファストランとかペース走とかいう領域になる。かなりきつい。

さらに、パワーがＦＴＰを超えると、ＴＳＳの値はどんどん大きくなる。数値で説明するよりも、上の図を見てもらったほうがわかりやすいと思う。パワーをＸ軸、ＴＳＳをＹ軸にとると、強度が上がるほど急激にＴＳＳが大きくなることがわかるだろう。

パワーとTSSの関係イメージ

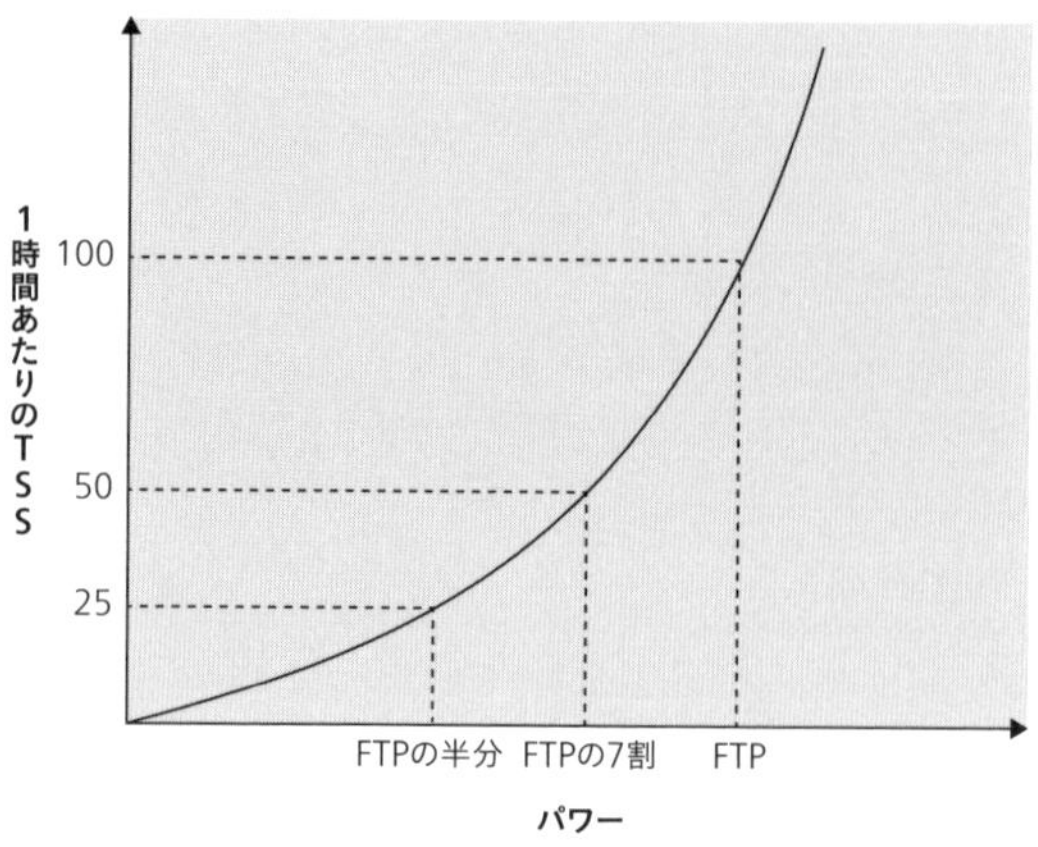

パワーとＴＳＳの関係イメージ

ただし、ホビーレーサーはＴＳＳにこだわりすぎないほうがいいと思う。というのは、ホビーレーサーにはトレーニングの

疲労以外に仕事の疲れが加わるからだ。 仕事の疲労を測る数値はない。

だから、TSSをあまり難しく考えすぎる必要はない。この数値が物語っていることはとても単純で、強度が高くなるほど疲労が増す、ということだ。**それはまた、高強度で短時間のトレーニングと、低強度で長時間のトレーニングは、TSSが同じになるということでもある。** ここを頭に入れればOKだ。

オーバートレーニング

TSSが溜まりすぎると、いわゆるオーバートレーニングという状態になる。が、オーバートレーニングの具体的な症状は、案外あいまいになっている気がする。

ただの疲れは、オーバートレーニングじゃない。トレーニングをしたら、疲れるのは当然だ（そもそも、疲れないならトレーニングになっていない！）。

オーバートレーニングの一番の症状は、高強度が踏めなくなることだ。 中強度のパワーは、実は意外と落ちない。2010年のツール・ド・ルクセンブルグ[1]にはレース続きのあと、休みなしで臨まなければいけなかった。明らかにオーバートレーニングの状態だったけれど、なんとか総合25位で終えることができた。これは別に自慢じゃない。オーバートレーニング状態でも、付いていくことならできる、ということだ。そのレベルのパワーはあまり落ちない。でも、700W以上のアタックやスプリントのパワーはがくんと落ちるから、勝ちは狙えない。

あとはもちろん、主観的な疲れはひどくあるし、集中力も落ちる（ルクセンブルグでも、オーバーコースをして柵にぶつかったりした)。

章の冒頭で言ったように、僕らに知らされるのはトレーニングプランだけだから、自分の疲労がオーバートレーニングかどうかは、当時はわからなかった。TSSの見方も知らなかった。もちろん僕の状態をゼーマンは把握していたはずだが、「お前はオーバートレーニング状態だ」と言われた記憶はほとんどない。

たぶん、わざとだと思う。TSSの数値上はオーバートレーニングに陥っていても、走れてしまう場合があるからだろう。あとは、心理的に怯んでしまわないようにしたのだろうか。それでも、どうしても踏めないと訴えると、トレーニングは休みになった。

でも逆に、疲れが酷《ひど》いと訴えた僕に対して、「お前は疲労していない」と言うことはあった。それもやはり、数値を確認して言ったんだろうと今になっては思う。「ワインを飲めば回復するさ」などと言って、はぐらかすのがゼーマンの常だった。

[1] **ツール・ド・ルクセンブルグ** 6月にルクセンブルグで行われるステージレース。

レースでのTSS

しかし、TSSの目的は疲労の管理だから、どの程度の疲労が限界なのかを見極めなければあまり意味がない。そこで、僕が過去に走ったレースのTSSを振り返りながら、ゼーマンの企業秘密らしいTSSの管理について考えてみたい。

2012年の4月頭に、UCI1・1[1]のケルン一周という200㎞くらいのレースがあった。僕になぜか「集団内に潜んでスプリントしろ」という指示があった、アムステルゴールドレースの次にキツいといわれるこのレースではTSSは371だった。

そのすぐ後、4月15日のアムステルゴールドレースでは7時間を平均260Wくらいで走り（この時期のFTPは360Wくらいだったと思う）、TSSは423だった。400を超えるTSSというのは、計測した経験がある人ならわかるだろうけれど、ものすごくキツい。7時間のうちに、1時間の全開走を4本やることを想像してほしい。2、3日は疲労が残ってしまう。直後の4月18日にあったフレッシュ・ワロンヌ[2]ではTSSが355。**つまり、ヨーロッパのメジャークラシックでは300〜400程度のTSSが蓄積される。**

ただ、TSSが大きければ強かったということにはまったくならない。300台半ばでクラシックを勝つ選手もいる。ちなみに、僕が勝った2012年の全日本[3]選手権ではTSSは329だった。

それから、ステージレースでは1日あたりのTSSはずっと小

11分31秒遅れの140位で完走した2012年のアムステルゴールドレースでのTSSは400を超えていた

さくなる。逃げが決まるまでは速いけれど、レースの中盤は落ち着いているからだ。ブエルタやツアー・オブ・カリフォルニアで逃げた日にTSSが300を超えるくらいで、集団内で仕事をした日はもっと低い。

［1］**UCI 1.1** 「1.1」の、前の1はワンデーレースであることを、後の1は1クラスのレースであることを意味している。

［2］**フレッシュ・ワロンヌ** ベルギーで4月下旬に行われるワンデーレース。坂が多く、特にゴール前の「ユイの壁」は有名。

［3］**ステージレース** ワンデーレースと異なり、複数日にわたって行われるレースのこと。

トレーニングでの「セッション」

こういったレースを走ってきた僕の感覚では、**1日のTSSが400を超えると、1日では回復しない**。2012年のフレッシュ・ワロンヌでは、3日前のアムステルゴールドレースでくらった423のTSSが抜けていなくて、非常にパフォーマンスが低かったことを覚えている。

でも300台半ばのTSSならば、翌日もなんとかなる。さっき言ったように、ヨーロッパのメジャークラシックレースでは、TSSは300〜400程度に落ち着くことが多いのだけれど、レーススケジュールは2日走って1日休み、というパターンが多かった。

僕の経験からいうと、TSSは600〜700が壁だと思う。短期間（2、3日）のTSSの上限は、個人差はあるだろうけれど、おそらく700前後だ。トレーニングは3日続けて1日休み、というスケジュールになっていることが多かったけれど、1日のトレーニングのTSSは、だいたい200強だった。やはり、700に達したところで1日休憩、ということになる。**つまりトレーニングは、TSSに換算して700がひとつの単位だったということになる。**

最近、僕のこの推測に自信を持たせてくれる話を聞いた。

新潟に、村山利男さんという伝説のホビーレーサーがいる。乗鞍ヒルクライムを6連覇した彼は、サラリーマンなんだけれど著書も出していて、その著書『ヒルクライムトレーニングの極意』（SBクリエイティブ）によれは、還暦近い今も毎朝の出勤前に3時間半、110km（!）を走り、30分くらいのヒルクライムをこなしているという（余談になるけれど、僕は中学生時代に村山さんにヒルクライムレースで挑んだことがある。なんとか勝ったけれど、その強さには驚いた）。しかも山への往復はLSDではなく、もっと上の強度で走るらしいからびっくりだ。

村山さんのトレーニングのTSSを推測してみよう。山への往復3時間はLSDの上の強度ということで、FTPの6、7割とする。30分のヒルクライムは全開だろうから、強度はFTP相当だと思う。TSSに換算すると、平地は1時間あたり50弱のTSSで3時間。ヒルクライムは1時間あたり100のTSSを30分だから、50。そこに仕事の疲れも加わるだろうから、1日当たりのTSSは合計200弱ということになる（さらに、帰宅後に固定バイクを踏むという話もある……）。

ということは、さっきの「TSS700の壁」を考えると、3日くらいでTSSが限界に達するはずなんだけれど、実際村山さんは「3日に1回は山のタイムが伸びないので、途中で引き返す」と書いている。まさにぴったりだ。

ヨーロッパのレーサーから、新潟のホビーレーサーまで共通しているということは、かなり信頼が持てると言っていいと思う。TSS700が、トレーニングの単位になりそうだ。僕はこれを仮に、「セッション」と呼ぼうと思う。

クールとセッション

TSSが700に達すると、トレーニングが1セッションになると書いたけれど、これはトレーニングの「小さい単位」と言うべきだ。というのは、別にもっと大きい単位があるからだ。**それが、40日間という単位。**ゼーマンに限らず、**ヨーロッパでは40日・6週間がトレーニングの大きなサイクルになっていた。**その理由はよくわかる。経験上、コンディションを1段階上げるために必要な期間が、6週間だからだ。

40日間みっちりトレーニングを積むと、パワーデータがはっきりと変わる。そして、トレーニングプランを修正して次の段階に進む。これがトレーニングの大きな単位だ。そしてその40日間の中には、TSS換算で700が1セッションという、トレーニングの小さな単位がある。

話をわかりやすくするために、40日間という大きな単位を、トレーニングのクールと呼ぼうと思う。

つまり、40日間1クールのなかに、TSS700のセッションがたくさんあるわけだ。これがトレーニングプランの基本的な構造になる。

ヨーロッパのプロの場合、3日走って1日休む、というセッションを繰り返す場合が多いと言った。つまり、1クールに10セッションを詰め込んでいることになる。

ここまでみっちりトレーニングをすれば、1クールを終えるころには別人になっている。プロが、レースがあまりない期間に一気にコンディションを上げてくるのを見たことがあるかもしれない。あれは、1クールのトレーニングをみっちりこなした結果だ。

セッションの期間は?

しかしそれはプロの場合だ。仕事があるホビーレーサーが同じように40日間の1クールに10ものセッションを詰め込むのは、ほぼ不可能だろう（村山利男さんを除く）。

復習になるけれど、1セッションはTSSにしておよそ700だ。TSS700というのは、1時間全開走なら7本。FTPの7割程度のパワーでのペース走ならば14時間。FTPの半分のパワーでのLSDなら、実に28時間！ 毎日9時間以上走らなければいけない計算になる。どの強度でトレーニングしようとも、3、4日で1セッションをこなすのは社会人には無理だと思う。だから、ホビーレーサーの場合、1セッションの期間がプロよりも伸びるはずだ。

クールとセッションのイメージ

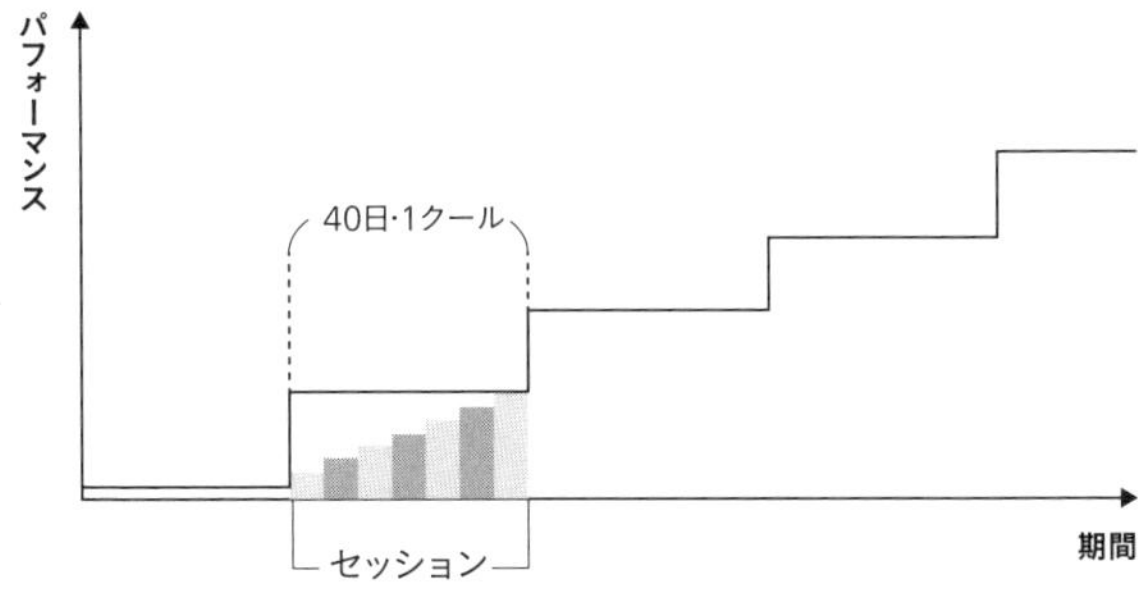

理想を言えば、1週間に1セッションを行えれば、どんどん強くなると思う。1セッションのトレーニングを行う1週間とは、こんな感じだ。

まず、まとまった時間がとれる週末から考えよう。2日続けてトレーニングする場合、1日あたりのTSSは200強に抑えたほうがいい。たとえば、FTPの7割でのペース走4時間に、FTPでの30分のヒルクライム1本を組み合わせると、TSSは250になる。これを土曜日、日曜日と行えば、TSSは500稼げる（もし週末に1日しか走れないならば、TSSが300を超えるまで追い込んでもいいだろう）。

あとは平日に、TSS200分のトレーニングを行えばいい。時間がなければローラー台でもいいだろう。15分のFTP走を1日2本。それを4日行って、1日は休息日にあてる。すると、1週間のTSSが700になる。

もっとも、ここまで読んでげんなりした人も多いと思う。僕も、こんなにトレーニングをできる社会人がなかなかいないのはわかっている。これは、あくまで理想の話だ。実際は、1セッションをこなすには2週間くらいはかかってしまうかもしれない。

けれどその場合でも、自分がどのくらいの期間をかけて1セッションを行っているかは、意識したほうがいいと思う。セッションを意識すれば、自分が1クールにどのくらいトレーニングを積めたかを客観的に把握できるからだ。そして、1クールを終えた後に、明らかにワンランク強くなっている自分に気づくだろう。

もしパワーメーターがなくても、TSSがどれくらいかは、感覚的に理解できる。TSSとクールとセッションは、計画的にトレーニングをする上での、有効な武器になるはずだ。

高強度短時間＝低強度長時間？

しかし、ここまで読んで違和感を覚えた人も多いと思う。僕が、トレーニングをTSSでしか測っていないからだ。

TSSだけでトレーニングを考えるならば、たとえば、1時間の全開走（FTP走）と4時間のLSDが同じトレーニングということになってしまう。高強度・短時間＝低強度・長時間ということだ。

そう考える人もいるようだ。忙しいサラリーマンには、短時間高強度のトレーニングが重要だという人はけっこういる。

本当だろうか？　もしその通りならば、低強度のトレーニングは要らないことになってしまう。実際に、LSD不要論を唱える人もいるけれど、本当にそれでいいのか？

僕はその答えは、イエスであり、ノーでもあると思う。なぜなら、乗り手のレベルによって、適したトレーニングの強度が変わってくるからだ。

ここからいよいよ、トレーニングプラン作りで一番重要な、強度についての話になる。

低強度長時間から高強度短時間へ

長期的なトレーニングの流れを考えたときに、絶対に踏まえなければいけないことは、トレーニングは低強度・長時間から高強度・短時間へと移行していくということだ。決してその逆ではない。

ヨーロッパにいたときの年間トレーニングプランを非常におおざっぱにまとめると、まずはＬＳＤくらいの強度で軽く脚を回し、１クールくらいを終えたらＦＴＰ（といっても、この時期はまだ数値は低い）での10分走や15分走が入ってくる。やがてシーズンインが近づくとさらに短時間・高強度のインターバルを行い、シーズン中は基本的にレースの間のインターバルでコンディションを保つだけ、となる。

低コンディションのオフ明けから、本番であるピークに至るまでの流れは、ホビーレーサーが年単位で強くなる手順を、ぎゅっと圧縮していると言ってもいいと思う。ホビーレーサーにとっても、低強度・長時間から高強度・短時間へという基本は変わらない。

どうしてこんな面倒な手順を踏むんだろうか？　いきなり強度の高いインターバルからトレーニングを開始したほうが手っ取り早いんじゃないか？

それにはもちろん理由がある。

高強度のトレーニングは難しい

3章で、ホビーレーサーには基礎的なポジション・フォームでロードバイクに乗るための筋力が足りないと書いた。プロも、オフ明けにロードバイクに乗ると、筋力が落ちているから苦しく感じる。もちろん、心肺能力も、ピーク時に比べると低い。

つまり、これから強くなろうというホビーレーサーも、冬のプロも、筋力や心肺能力が足りていないという点では同じだ。そんな状況でも、この章でお伝えしてきたように、ＴＳＳを稼いでトレーニングをしなければならない。

「手っ取り早く」TSSを稼ぐには、高強度のトレーニングのほうがいい。ところが、弱い状態ではそれができない。

強度の高いトレーニング、たとえばインターバルを行うためには、ブレようとする体を抑えるための体幹の筋力や、そう簡単には音を上げないだけの心肺能力が必要になる。気合さえあればどうにでもなる、と言う人もいるかもしれない。あるいは、もうちょっと冷静な人ならば、まだ能力が低い状態でも様々なトレーニングをこなすためにパワーメーターでメニューの強度調整をするんじゃないのか？　と思うかもしれない。

けれど、仮に心肺能力を度外視しても、パワーメーターは「筋力」や「体の使いかた」といった、見えにくいが重要な要素をあまり反映してくれない。

要するに、僕が言いたいことは、**まだ体が出来上がってない状態では高強度のトレーニングをちゃんと行うことができない、ということだ。**「ちゃんと」というのは、狙った強度で、フォームを乱さずに、最後までタレずに踏み抜くことだ。ブレブレのフォームでパワーだけ出しても、それは自己満足でしかない。

だから話は簡単で、**乗り慣れていない人や、まだ強くない人がTSSを稼ごうとすると、おのずから低強度・長時間のトレーニングに行きつく**、というだけのことだ。

TSSの上では、極端なケースを挙げると、短時間のうちに超高強度のインターバル数十本を行うのと、丸々1日かけてLSDをするのとでは、TSSは一緒になる。けれど、昨日今日ロードバイクを買った人がいきなりインターバルをこなせるだろうか？　無理だろう。いろいろな意味で、滅茶苦茶になってしまう。短時間・高強度のトレーニングばかりでOKなのは、よほどの強豪レーサーに限られると思う。

したがって、トレーニングは全体として低強度からはじめ、高強度に移行する流れになっている。LSDでも、長く乗っていれば体がだんだんと作られてくるし、心肺能力も鍛えられるだろう。

トレーニングは、階段状になっている。

いきなり飛躍することはありえない。階段の一段一段は1年のシーズンであり、1クールであり、1セッションでもある。少しずつ、しかし確実に強くなろう。どんな高い塔に上る場合でも、はじめの一歩は1階の1段目以外にありえないのだから。

第5章

トレーニングを「煮詰める」

トレーニングメニュー

トレーニングを「煮詰める」

この章では具体的なトレーニングメニューについてお伝えするわけだけれど、パワーがどうこうといった細かい話の前に、もっと大事なことに、4章をおさらいしつつ触れておこうと思う。

トレーニングメニューには、大きく分けて2つしかない。ベース作りと、レースへの対応力（**勝負する力**）**の向上だ。**「××Wで○○分」とか、やたらと細かいことを気にする人が多いけれど、僕たちは（トレーナーからの指示がなければ）意外と感覚的にメニューを決めている。細かい数字にこだわるのもいいけれど、この前提が抜けてしまっては意味がない。

4章で、TSSについて触れつつ、トレーニングは長時間・低強度から短時間・高強度へと移行するのが基本だとお伝えした。**いわば、長時間・低強度の薄くて量が多いトレーニングを煮詰めていくことで、量が少ない、濃いトレーニングにしていくのが基本作業だということだ。**

煮詰めるのは言うまでもなく、本番であるレースが濃いからだ。つまり強度を上げることで、トレーニング全体のTSSは同じでも、よりレースに近づくことができる。

ベース作りは、ここでいう「薄い」トレーニングに相当する。いっぽうの、レースへの対応力は濃いトレーニングだ。まずは薄いトレーニングをぐつぐつ煮るところからはじめよう。

ベースを作るトレーニング

ベース作りというのは、わかりやすく言えばFTP（ATでもLTでもいい。以下同）など、長時間のパワーを上げることだ。FTPにばかり固執しても全然意味はないと思うけど、この数字が大きくて邪魔になることもない。

たとえば、「レースで勝とう」と意気込む人のFTPが150Wじゃ、ちょっと心細い。すぐにちぎれてしまう。250wや300Wくらいあってもいいだろう。

ただし、勘違いしている人がとても多いけれど、FTPが成績に直接結びつくことはほとんどない。成績と関係するのは、タイムトライアルと長いヒルクライムくらいじゃないだろうか？　FTPを上げることを目的にトレーニングを重ねても、勝てるようにはならないと思う。

FTPは、要するに基礎力だ。FTPが大きければ勝負所まで脚を残しやすいから、勝負に加われる可能性が増す。FTPで勝負するんじゃなく、勝負までもっていくためには、FTPが大きいほうがいい、ということだ。だから逆に、いくらFTPが大きくても、勝負する力がなければ勝つことはできない（勝負する力、つまりレースの勝負どころでの対応力はまた別のトレーニングになるので、あとで触れる）。

細かく考えると、ベース作りのトレーニングも2つに分かれると思う。スタミナ作りと、パワーの向上だ。スタミナとパワーの両方があってはじめて、FTPなどの長時間のパワーが向上する。

スタミナ作りはロングライドしかない。長時間、距離を乗り込むことでしか得られないものは多い。スタミナ以外にも、正しいポジションやフォームも、乗り込まないと手に入らない。だから、平日は仕事で忙しいホビーレーサーも、週末は絶対にロングライドをしたほうがいいだろう。具体的なメニューは、これから紹介するLSDや「LMD」になる（後者は聞きなれない言葉だと思うけれど、後で触れる）。

もうひとつは、パワーの向上だ。これは、いわゆるLT走だ。LT近辺のパワー、つまりFTPということになるけれど、そのパワーで走り込む。

走り込むといっても、この強度になると相当きついから、メニューは10分走や15分走になる。つまり、理屈上は1時間くらい継続できるパワー（LTやFTP）を細かく分割するということだ。

注意深い人は、スタミナ作りのロングライドとパワー向上のLT走を比べると、後者のほうが濃いトレーニングであることに気付いただろう。その通りで、まずはロングライドからはじめて、LT走に移行するのが王道だ。

また4章の復習になるけれど、重要なことだから、TSSという観点からロングライドとLT走との関係を見てみよう。トレーニングを「TSSを稼ぐ行為」ととらえるならば、極端な話、10分走を6本（FTPで1時間ということになるから、TSSはだいたい100）と、LSDを4時間（FTPの半分のパワーで4時間だと、TSSはやはり100）ではTSSは同じになる。もしあなたが初心者でも、いきなり10分走を6本こなせるならば、それでいいと思う。トレーニングが短い時間で済むから。実際、強そうなサラリーマンレーサーにはそう言うことが多かった。

でも、たぶん初心者にとっては難しいだろう。体はぶれるし、途中でパワーも落ちてしまうと思う。短時間それでは、メニューをやったことにはならない。まずは薄いものをたくさん、が原則だ。

短時間のトレーニングだけで結果を出している強豪ホビーレーサーを見て、不思議に思う人も多いだろう。どうしてあいつは、短時間のトレーニングだけなのに強いのか？

実際は逆だと思う。**「短時間のトレーニングなのに強い」のではなく「強いから短時間の『濃い』トレーニングができる」ということじゃないだろうか？** もちろんそこに至るまでには、大量の薄いトレーニングがあったはずだから、すぐに真似をするのは難しい。

レースに対応するためのトレーニング

こういったベース作りとは別に、レースへの対応力をつけるためのトレーニングがある。具体的には、1分走や30秒走などの短時間・高強度のインターバルメニューだ。

勝負どころで必要になるのは、必ず短時間・高強度のパワーだ。たとえば、アタックへの対応。勝負を動かすアタックはいうまでもなく、数十秒程度の間に強烈なパワーで踏む。自分でアタックするにせよ、他人のアタックに食らいつくにせよ、短時間・高強度のパワーが勝敗を分ける。ゴールに飛び込むスプリントももちろん、短時間・高強度だ。

さらに言うと、対乳酸耐性、つまり短時間・高強度のパワーを繰り返す能力も大切だ。アタックは繰り返しかかるから、何度も耐えなければいけない。10回アタックに耐えても、11回目に耐えられなければ負けてしまう。自分でアタックする場合は逆に、10回アタックに失敗しても、11回目に決められれば勝てる。それがインターバル能力だ。だから、後で詳しく説明するけれど、レースに対応するためのメニューは基本的に全部、インターバルを入れた反復トレーニングになる。

僕はさっき、ベース作りのトレーニングのうち、パワー向上のメニューとして10分走や15分走があると言った。でも、2分走や1分走になると、レース対応のメニューになる。じゃあ、その境目はどこなの？　と気になる人も多いと思う。

ずばり、2分走あたりが境目になる、と僕はにらんでいる。ゼーマンも同じ考えだったらしい。2分以下のメニューとそれ以上のメニューは扱いが違ったから、同じ日にやることはなかった。

最近気づいたのだけれど、この領域の力こそが、プロとホビーレーサーを分けている印象がある。FTPが大きいホビーレーサーはいくらでもいる。だから、一定ペースでのレースが展開されるコースでは、強豪ホビーレーサーが上位に来ることも多い。ヒルクライムやTTが代表だ。しかし、ペースの上げ下げが激しいレースでは、強いホビーレーサーもちぎれてしまうことが多い。

この、短時間・高強度の「濃い」領域が勝負を分ける。もっとも、この領域に至るためには相当、トレーニングを煮詰めなければいけないのだけれど。

さて、それでは、具体的にメニューを紹介していこう。

LSD
LSDの強度は変化する

トレーニングの基礎と言われるメニューがLSDだ。たぶん、この本の読者は皆知っているだろう。

念のため確認すると、ＬＳＤとはLong Slow Distanceの頭文字をとったもので、ゆっくりとしたペースで、長時間乗り込むメニューのことだ。

雑誌や本でも、ＬＳＤこそが基本だと説く人を多く見かける。その一方で、最近は「ＬＳＤ不要論」なんていうものも出てきているようだ。「土井ちゃん」はどっち派か？

僕はどちらでもない。というのは、**僕がやる「ＬＳＤ」の内容は、時期によって変わるからだ。**

よく、「鼻歌が歌えるくらいの強度で」走るのがＬＳＤだと言われる。パワーで言うならば、ＦＴＰのせいぜい半分くらいだろうか。これが、一般的なＬＳＤの定義だと思う。

けれど、僕がそういったＬＳＤをトレーニングに組み込む時期はあまりない。シーズンのはじめにちょろっとやるくらいかな？

じゃあ、それ以降はＬＳＤをやらないのかというと、そうではない。ＬＳＤはどの時期のトレーニングでも基礎となるメニューだ。考えてみれば、インターバルをやる場所まで走るのもＬＳＤだ。

僕の場合、ＬＳＤをやらなくなるのではなく、**ＬＳＤそのものの強度が上がっていく。ＬＳＤが変化するということだ。**

具体的には、4～5時間を２００Ｗ～２５０Ｗくらいの平均パワーで走るのが、僕のＬＳＤだ。僕のＦＴＰを３６０Ｗとすると、だいたいその55％～70％くらいになる。これは、普通のＬＳＤのイメージよりも、だいぶ強度が高いと思う。特に、やったことがある人ならわかるだろうけれど、ＦＴＰの70％ともなるとかなりキツい。短時間ならともかく、長く続けるのは難しいだろう。でも、トレーニングのクールを重ねるうちにベースの力が上がってくる。すると、ＬＳＤの強度が上がるということだ。

ただ、これではあまりに不親切だと思うので、日本でのＬＳＤの定義を守り、「いわゆるＬＳＤ」とそれ以外に分けて解説しよう。

LSD

いわゆる、ＬＳＤだ。内容は、先ほど言ったように、鼻歌を歌えるくらいのペースで4〜5時間程度走る。パワーなら、ＦＴＰの半分くらい。

重要なのは、ＬＳＤもまた、トレーニングだということだ。トレーニングは集中しなければいけないから、時間はせいぜい4〜5時間でいいと思う（もちろん、集中力がもっと続くなら、伸ばしてもいい）。ぼんやり走っても、ダイエットにしかならない。

何に集中するか？　それは、ＬＳＤの目的とも関係してくる。ＬＳＤの目的には、有酸素運動能力の基礎作りやダイエット以外にも、フォームを綺麗にすることがある。だから、ＬＳＤの最中に鼻歌を歌っても別にいいと思うけれど、自分の身体がどう動いているか？　どうすればもっと効率が良くなるか？　といったことは、常に考えていなければいけない。

最近ロードバイクを買ったような人はもちろん、これから本格的なトレーニングをはじめようと思っている読者は、やっぱりＬＳＤからはじめるべきだ。期間は1クール、いや、余裕があれば2クールはＬＳＤだけでもいいと思う。もし途中でパフォーマンスが上がったことを感じたら、次に説明する「ＬＭＤ」に移行すればいいのだから。

強度は低いが、フォームに集中して散漫にならないよう注意する

運動強度は低いから、１セッション、つまりＴＳＳ７００に達するには時間がかかるだろうけれど、気にしない。１週間に12時間ＬＳＤができれば、ＴＳＳは３００くらいになる。２週間で１セッションをこなすくらいの気持ちで、のんびり、しかし集中していこう。

ギアをインナーに入れて、いろいろな場所をまったりと走る。ただ、フォームを整える目的もあるから、ハンドルのトップではなくブラケットを持とう。あと、平地だけではなく、フォームが変化する上りや下りにも行くべきだ。

なお、ＬＳＤはインターバルや10分走といった、他のメニューと組み合わせる必要はないと思う。ＬＳＤをやるような時期は体ができていないから、あまり効果はないんじゃないかな。

ＬＭＤ

１～２クールほどＬＳＤをこなしたら、体のレベルが一段階上がっている実感があるはずだ。そうしたら、ＬＳＤの強度を一つ上げる。僕はこれを仮にＬＭＤ（Long Middle Distance）と呼ぼうと思う。

プロにとってのＬＳＤは、実際はこれ。だからプロや、トレーニングを重ねていたホビーレーサーなら、LSDを飛ばしてここから入ってもいいと思う。

強度は、FTPの60％くらいからはじめて、徐々に上げていく。鼻歌を歌う余裕はなくなるだろう（無理をすれば別だけれど）。時間はLSDと変わらず、4〜5時間くらい、せいぜい6時間だ。合宿だと、週に6日間（1日は休息日）で30時間ほどやる。

LSDとのはっきりした違いは、LMDは他のメニューと組み合わせる場合が多い、ということだ。ベース作りの時期ならば、10分走や15分走と。レースが多い時期ならばインターバルと組み合わせる。たとえば、シーズンイン間もない2015年春のある日のトレーニングは、5時間、平均250WのLMDと10分走×2だった。このくらいの強度になると、LSDだけをやっていた時期のトレーニングとは段違いのきつさだ。

でも効果はある。2005年にはじめてヨーロッパに行った僕はあちらのレースにまったく歯が立たず、ほとんどリタイアしてしまっていた。けれど、当時チームメイトだったポール・マルテンス（今はロットNL・ユンボ所属）と一緒にこの手のトレーニングを重ねた結果、かなり成績は改善された。

この領域での乗り込みは、いわゆるFTPなどのアベレージのパワーを上げるには、遠回りのようで一番手っ取り早い気がする。週末に2日連続でやるだけでも、ヘロヘロになるはずだ。初心者

メニューと組み合わせる場合の基礎となる領域だ

ほど重要なメニューだと思う。

LT走
15分〜5分走

今紹介した、LMDと組み合わせるメニューだ。目的は同じように、FTPなどアベレージのパワーを上げること。だから、ベース作り、あるいは維持するためのトレーニングとなる。

僕の場合、コースによって15分走、10分走、5分走、場合によっては4分走、と分かれている。トレーニング理論からは離れてしまうけれど、脚を止めずに走れる距離をどれくらい確保できるか、というとてもリアルな条件で決まる。平地も上りも、両方でやれるのがベストだけれど、平地で安全な場所を見つけるのはなかなか難しい。

強度は、パワーならばFTP。心拍トレーニングなら、いわゆるLTやATと呼ばれる領域で走る。要するに、30分や1時間維持できる上限のパワーということだ。

ただし、LSDと同じように、強度はちょっとずつ上がる。僕の場合、シーズン序盤は330Wくらいから入って、最終的には360Wくらいにはなる。FTPもシーズンがクライマックスに近づくにつれて徐々に上がるので、まあ、FTPの推移に合わせていると言ってもいいだろう。

LMDと組み合わせて基礎トレーニングに

実際のトレーニングでは、これをLMDと組み合わせる。

たとえば、FTPの6、7割のパワーでのLMD4、5時間に10分走3本（あるいは5分走6本でも、15分走2本でもいいが）を組み合わせると、TSSは200ちょい。週末にこのトレーニングを2回こなして、あとは平日に多少ローラー台にでも乗れば、1セッション＝TSS700を1週間で行うことができるだろう（前も言ったように、ホビーレーサーは仕事での疲労を考慮しなければいけないから、あまり厳密にTSSをカウントしてもしょうがない）。プロが週に2セッションを行うことを考えると、働きながら毎週1セッションというのは、すごく立派だと思う。

FTPが低く、まだ勝負に加われない……という、走りはじめたばかりのホビーレーサーなら、1年間はLMDとLT走の組み合わせをひたすら繰り返すだけでもいいかもしれない。どんどん伸びるだろう。

フォームは、身体がぶれないように気を付けつつ、体幹を意識して走る。苦しくなるほどペダリングが乱れて回せなくなり、踏むだけになってしまう。もしメニューの最中にそういう症状が出て、意識しても直せないようなら、まだ乗り込みが足りないということだ。

なお、5分走くらい短くなると、低い丘での反復トレーニングになる場合が多いから、長めのインターバルになる。たとえば、4分-90秒レスト×6～8本という具合に。これは実質的には10分走×3本と同じだけれど、場所の制約によって変わるということだ。

関東で5分走をするなら、大垂水峠（神奈川県）、山伏峠・籠坂峠（山梨県）など。10分走ならばヤビツ峠・箱根（神奈川県）、都民の森（東京都）、筑波山（茨城県）などがある。関西では、六甲山（兵庫県）、犬鳴峠・阪奈道路（大阪府）、鍋谷峠・紀見峠（和歌山県）なんかを使った。

あと、ローラー台でのLT走はお勧めしない。超・キツい（笑）。

インターバル走
2分〜30秒走

プロの場合、レースシーズン開幕までにトレーニングメニューを煮詰めて、レース並みの高強度にする。そのためには、インターバルが欠かせない。インターバルをひと通り、まあ1クールくらいこなしたら、ようやくトレーニングはコンプリートだ。

メニューは2分走からはじめて、最後は30秒まで煮詰める（ただ、後で触れるように、ホビーレーサーはそこまでやる必要はないと思う）。**この強度のトレーニングは全部インターバルになる。メニュー間に、メニューと同じ時間のレストを挟むのが原則だ。**つまり、2分走—2分レストや1分走—1分レストを繰り返す。回数は、普通5本だった。やってみればわかるけれど、たぶん、そのくらいが限界だから。

インターバルでは、細かい強度分けは意味がないと思う。心拍数でも、パワーでも同じ。基本的に、みんな全開だからだ。

ただ、ひとつ注意しなければいけないのは、最後の一本で一番パワーが出るようにしなければいけな

インターバル走のフォームはすべてダンシングになるが、スプリントと比べると頭の位置は高い

い点だ。ダレてしまっては、意味がない。僕の場合、1分走ならば420Wくらいではじめ、5本目は450Wを超えるようにする。ロケーションは、上りが多い。場所を確保する都合があるからだ。

フォームは、始めから終わりまでダンシング。スプリントとの違いは、もがく時間の長さと頭の位置だ。スプリントほど頭を下げてしまうと苦しくなる。

インターバルは、アタックやアタックへの対応など、レースの勝負を決める局面での力を付けるためのメニューだ。ヨーロッパでは、ベースを上げるためのLT走とははっきりと区別されていたから、LT走とインターバルを同じ日にやることはなかった。

なお、シーズン中のインターバルには、レースで上げたコンディションの維持という側面もあった。コンディション維持には、レースに近いインターバルが向いていたらしい。

濃いメニューになるほど得手不得手が見える

インターバルトレーニングで行うような、「濃い」メニュー、つまり短時間・高強度のメニューに近づくほど、レースでの走りに近いと言った。**それはレーサーにとって、トレーニング以外の意味でも濃いメニューは重要だということでもある。**

ご存じの通り、脚質というものがある。スプリンターやクライマーやパンチャーや……。一流の線選手ほど自分の得意不得意をしっかり把握している。

この、脚質の違いがはっきりするのも、トレーニングを煮詰めていって、ある程度以上濃くなってからだ。ＬＳＤやＬＭＤをやっているうちは、極端な話、スプリンターもクライマーも大した違いはない。マッチョなスプリンターとひょろ長いクライマーが揃ってＬＳＤにトレーニングに出かけることは可能だ。

でも、短時間の濃いメニューになるほど、個人差がはっきりとしてくる。スプリンターとクライマーが同じインターバルトレーニングをこなす姿を想像できるだろうか？ 考えにくいはずだ。それは、濃いメニューになればなるほど、脚質の差が現れるからだ。

だから、その意味でも、しっかりとトレーニングを煮詰めて、きちんと手続きを踏んだ上でインターバルトレーニングに至らないといけない。ＬＳＤをやっている段階で脚質を云々するのは、ちょっと早いと思う。

地獄の30秒インターバル

長い目で見たトレーニングとは、メニューを煮詰めていく過程だと言った。じゃあ、もっとも「濃い」

メニューは何か？

ヨーロッパでのそれは、30秒インターバルだった。二度とやりたくない、思い出すだけでも嫌になるメニューだったけれど、せっかくだから書いてみよう。もっとも、アマチュアには要らないメニューだと思う。いや、要らないというか、できないというか……。

シーズン中のメニューだ。身体が出来上がったころ、レースの直前にやることが多かった。日曜にレースがあるならば、水曜日あたりにやる。

場所は車が来ない、ちょっとした丘が多い。行くと路上には小さなパイロンが距離を置いて立ててある。先に来たゼーマンが置いたものだ。僕たちはこの、2つあるパイロンの間を全開で駆け抜けなければいけない。2本のパイロンは、正確に30秒を全開でもがいたときの距離に置かれているから、手を抜くことはできない。もっとも、このメニューは2人一組でやらされるし、何よりもゼーマンがそばで見ているから、どのみちサボることは不可能なのだが。僕はフローリンガー[1]やゲシュケと組むことが多かった。

1本やるだけで脚がちぎれそうになる30秒スプリントを、3分のレストを挟んで10本やる。やっぱり最後の1本で一番高いパワーを出さないといけないから、僕の場合640Wくらいではじめて、10本目では700Wを目標にしていた。FTPの2倍弱といったところだろうか。

心拍数は最初から最後まで上がりっきりだし、途中で脚が攣ることも多い。何よりも、メニューの途中で内臓が限界を迎えるせいか（体の内部で何が起こっているのかはよくわからないが）吐くのが嫌だった。

嫌だったのは僕だけじゃない。キッテルもよく吐いていた。このメニューの日ばかりはキッテルやジョンも、いいや、みんながぶつぶつ言う。「こんなの、できっこないよ」。しかし、やらないという選択肢はなかった。脚が攣っても、吐いても、踏み抜く。

僕は今でもたまに、道の脇で嘔吐している選手たちの脇を700Wで駆け抜けた丘を思い出す。もうやりたくないし、今ではできないだろう。

念のため補足すると、ホビーレーサーには要らないメニューだと思う。危険だし、フォームが乱れてしまう。ここまで煮詰める必要はない。

でも、もしあなたがグランツールを走ることが決まったら、思い出してください。

［1］**フローリンガーやゲシュケ**　ヨハネス・フローリンガー（1985年〜、ドイツ）とサイモン・ゲシュケ（1986年〜、ドイツ）のこと。

トレーニングプランを作る

以上のトレーニングメニューの組み合わせ方を、レースを走りはじめたばかりの、あるいはこれからホビーレースをはじめようと考えている入門レーサー向けに作ってみた。

いずれの場合も、3クール（40日×3＝120日＝4カ月）をもっとも大きい単位にしてある。プロの場合、乗りはじめからトップコンディションに持っていくまでが3クールだからだ。3クールを終えたら、オフをとるか、トレーニング強度を少し下げる。すると、1年に3回ピークを作れる計算になる。

トレーニングプランの作りかた

初心者ほど乗り込みが重要だ。だから、ホビーレースをはじめたばかりのレーサーは、ＬＳＤやＬＭＤが一番大切になる。まずは薄いものをたくさん、だ。ＴＳＳはあまり気にしなくていいだろう。強度が低いから、ＴＳＳはさほど蓄積しないからだ。だから休息日は考えなくていいと思う。とにかく時間をとって、たくさん乗ろう。

特に、最初の1クールはＬＳＤだけでいいと思う。週末を有効に使って、乗り込む。この1クールは重要だ。フォームが一気に洗練されるからだ。

次のクールからは、ＬＳＤの強度を上げてＬＭＤにする。変わるのは強度だけだけれど、一気にきつくなるはずだ。きついということはトレーニングになっているいうことだから、がんばろう。この段階でもまだ、走り込み以外のメニュー（インターバルやLT走）は考えなくていいと思う。

この強度での乗り込みは本当に重要なので、2クールは続けていいと考えている。やはり週末や、がんばれる人ならば平日の朝を使って、ひたすら走る。2クールを終えるころには体つきも変わってくるだろう。ここまで、4カ月。

そして4クール目ではじめて、LT走をメニューに導入する。練習環境にもよるけれど、10分走や15分走など、長めがいい。車が少ない上りを探そう。

繰り返しになるけれど、ＬＭＤやLT走は、ＦＴＰを上げるためのメニューだ。トレーニング経験が少ないレーサーがまず直面するのがＦＴＰ不足だろうから、最初の1年は5クール目以降もＬＭＤとペース走との組み合わせをひたすら繰り返すのがいいだろう。ＦＴＰの目安は、平均的な体重（60㎏くらい）の成人男性ならば、３００Ｗあればかなり立派。そうでなくても、２５０Ｗくらいあれば安心だ。

実はこれは、ホビーレーサーに限った話じゃない。プロ相手にトレーニングプランを作っている日本のトレーナーが、メニューがＬＴ走とロングライドばかりになってしまうと嘆くのを見たことがある。それはつまり、ベースができていない選手が多いということだ。まずは、乗り込みとＬＴ走だ。

上級者ならば、乗り込みは１クールほどで終えて、その後はＬＭＤとＬＴ走、あるいはインターバルを組み合わせるといい。ただし、その場合でも薄いものから濃いものへ、という大原則は変わらない。コンディションを上げきるまでの時間が短くなるだけだ。

その短さには個人差があるから、ここが選手としての強さの差だと思うこともある。幸也なんて、あっという間に強くなることができる。回復が早く、強くなるのも早いということだ。

疲労の管理と休息日

１セッション、つまりＴＳＳにして７００ほどのトレーニングが、疲労のひとつの目安だと言った。だから、１セッションのトレーニングを終えたら１日、休息日を入れる。休息日と言ってもごろごろしているわけではなく、１時間くらい軽くサイクリングする場合が多い。

しかし、ＬＳＤなどが多い初心者ほど、１セッションを終えるまでの期間が長い。ＬＳＤのところに書いたけれど、ＬＳＤだけのトレーニングならば、１セッションを終えるのに２週間以上かかる。逆に、トレーニングの強度が上がってくれば、働きながら1週間で1セッション行うことも可能だろう。

僕のイメージでは、休息日が必要になるのは1セッションが1週間以下の場合だけだと思う。セッションが2週間以上にわたり、じっくり乗り込んでいる時期ならば、あえて休息日を入れる必要はないんじゃないかな。

さて、長々とトレーニングメニューについて伝えて来た章の最後は、メニューを伝えるゼーマンのメールの最後にあった決まり文句で締めようと思う。どんな苦しいメニューも、この言葉と一緒に送られてきた。

Good luck and have fun!
Best Regards.

第6章

レースを走る

基本テクニック

魔法のテクニック？

（ヨーロッパの）プロが、なにかまるで魔法のような特殊なテクニックを駆使していると思っている人は多いらしい。華麗にダウンヒルをこなし、密集した大集団からスプリンターを発射する。そういう様子を見て、プロは凄いですね、と言ってくれる人もいる。

もちろん悪い気はまったくしないが、実は魔法は使っていない。**トレーニングに関して繰り返してきたように、テクニックに関しても魔法はない**。プロも人間だ。

じゃあ、どうやってあんなに綺麗なトレインを高速で維持するのか？　落車してもすぐに走り出せるのはどうして？　と思う人もいるかもしれない。

後で詳しく書くけれど、いずれも理由は簡単だ。トレインが綺麗なのは、頻繁に大声で意思の疎通をしているからだ。テレパシーを使っているわけじゃない。ハイスピードで転んでも立ち上がれるのは、プロの身体が一般人よりも頑丈だからでは決してなく、落車を予想して、備えているからだ。

もちろん、手放しでウィリーができてしまう、ピーター・サガンのようなマジシャンもいる。が、それは例外。皆が皆、あんな真似をできるわけじゃない。

ごく当たり前のことの積み重ねが、プロをプロたらしめている。ところが、その当たり前のことをないがしろにする人はとても多い。たとえば、僕が日本のチームに来て驚いたのは、トレイン内での声がけが少ないことだった。レース中に手信号を出さないホビーレーサーが多いのも、気になる。

声を出さなければ意思疎通ができないから、当然、トレインは乱れる。レース中に手信号を出さずに進路を変えたら、もちろん落車が発生する。当たり前の話だ。

この章ではそういう、当たり前の話をしようと思う。でも、当たり前のことの積み重ねこそが案外、差をつけることにつながるはずだ。

まずは、ごく基本的なテクニックから。

コーナーリング❶　外脚荷重

コーナーリングに限った話ではないけれど、日本人選手はとにかく危なっかしい。初見の下りで飛ばしたり、よそ見をしたり、手信号を出さなかったり、見ているだけで冷や冷やするような無謀な走り方が目立つ。ホビー、プロ問わず、その勇気を別のことに使うべきなんじゃないか……という場面を、帰国してからよく目にしている。

ヨーロッパのトッププロは、とにかく安全に走る。もちろんリスクを冒すこともなくはないけれど、ほとんどの場面では臆病にも思えるような、慎重な走りをする。これは簡単に見習えるんだから、見習うべきだと思う。そういうことにも触れよう。

ヨーロッパでも日本でも同じように重力が働いているので、コーナーリングのやりかたも当然同じだ。教科書的な、普通のコーナーリング。しかしそれができていない人は少なくない。

どの入門書にも書いてあるけれど、**コーナーリングの最中に一番重要なことは、外脚のペダルの軸にしっ**

かりと体重をかけることだ。そうすることで、重心をアウト側の低い位置に持ってこられるので、踏ん張れる。日本人はあまり、外に荷重がかかっていない気がする。コーナーでイン側のペダルを上げるのは路面に擦るのを避けるためだけではなく、外脚で踏ん張るためでもある。ここでしっかり外に体重をかけないと、フロントが滑って転ぶ。ハンドルを握る手も、外側のほうに体重をかけるようにする。

アウト側の足は下死点（一番低い位置）まで下げる

外脚に加重し、踏ん張る

スキーの経験がある人は思い出してほしい。外脚に荷重しないと、素早く回れなかったはずだ。それと同じ。外側荷重を意識することで、速く、安全に曲がることができる。

コーナーリング❷　スピードの処理

大原則として、「あまり飛ばさない」ということがある。初見のコーナーなら特にそう。TVで、コーナーを高速で格好よくクリアするヨーロッパの選手を見ることがあるかもしれない。しかし、真似は厳禁だ。彼らがあんなスピードを出せるのは、知っているコーナーだからだ。ヨーロッパでは、日本で放送されないような小さいレースもたくさんある。いっぽうで、レースに適したコースはそうはない。**だから実は、選手たちが初見の、知らないコーナーに突っ込むことは、まずない、と言っていいだろう**。ツールぐらいのレースになれば試走もするから、ますます少ない。

だからヨーロッパのレースの特徴は、コーナーで、コーナーリングが原因で（つまり位置取りや接触が原因ではなく）転ぶ選手があまりいないことだと、僕は思う。

たまに、はじめてのコースや雨の日のダウンヒルを放映することもあるだろう。そういうときこそ、注意して見てほしい。選手たちは驚くほど慎重に下り、曲がるはずだ。あれが本来のコーナーリングだ。

アールもよくわからない、しかもレースじゃないから路面の清掃もなく、何が転がっているかわからないコーナーに高速で突っ込むのは勇気じゃないと思う。蛮勇だ。しかしなぜか、日本人はそういうところで勇気を発揮してしまう。安全運転でいこう。

僕はコーナーリングに関しては、ブレーキングが一番難しいと思う。センスも問われるから、誰でも上手くなれるわけじゃない。でも、基本を伝えることはできる。

まず、コーナーに入る前に、適切だと思う速度まで減速する。**このとき、ブレーキングの割合は前6：後4くらいだ。**利きがいい前がメインになる。

すると、体が前につんのめる減速Gを感じるはずだ。そのままコーナーに入ると危険なので、**手でしっかりつっぱり、重心がバイクの真ん中にくるようにしよう。**そして、その状態でブレーキをやめ、コーナーに入る。理想はもちろん、このままノーブレーキで回れることだ。

ただ実際は、コーナーの最中でブレーキが必要になるケースもある。特に、他人と一緒にコーナーを回ることがあるクリテリウム[1]などでは自分の理想のラインを維持しにくいから、よくある。**そんなときは、ブレーキの割合を前6：後4から前4：後6に変える。**なぜなら、リアが滑る心配はあまり要らないからだ。

コーナーで転ぶときは、フロントが滑っているはずだ。リアが滑った経験は、僕は記憶にはない。まずないと思っていいだろう。リアが滑るイメージがあるのは、モーターバイクのハイサイド[2]の影響かもしれないが、あれはコーナーリング中に加速のトルクをかけるからであって、自転車じゃありえない。

体の軸がロードバイクからずれないように注意する

リアが滑ることがあるとすれば、それはフロントに荷重していて、リアがふわふわしている場合だと思う。先ほど書いたように、重心は極力バイクの真ん中にもってこよう。

また、フロントブレーキを強くかけたフロント荷重状態でコーナーを回ってしまうと、体重がかかったフロントが滑ってしまうこともある。こうやって落車が起こる。

しかし、そこでリアのブレーキを強くかければ、言葉にすることが難しいのだけれど**「重心が後ろに戻る」感じがする。**実際は、フロントにあった減速の「権限」がリアに移るからそう感じるんだろう。そう、コーナーリングの最中には、減速の権限をリアに渡さないといけない。

このころにはコーナーを回りはじめているだろうから、遠心力で横Gがかかりはじめる。減速Gがかかったときと同じように、重心が外にいかないよう、外脚でしっかりつっぱろう。重心がずれると不安定になり、落車が起こる（これはちょっと余談になるけれど、今言った理由で、体の軸をバイクからずらす「リーンイン・アウト」は基本的に必要ないと思う。初心者がやると、重心の位置を失いかねないから。僕もまず、やらない）。

[1] **クリテリウム**　コーナーの多い、短い周回コースで競われる短時間のレース。走行テクニックが重要になる。

[2] **ハイサイド**　モーターバイクの後輪がいったんグリップを失ったのち、グリップを再び回復した瞬間に転倒する現象。

コーナーリング❸　加速

さて、体にかかるGが、減速G→横Gと変化してきた。**ここで重要なのが、何度も言うように重心をしっ**

かりとバイクの真ん中に置くことだ。重心はとても大事だ。

コーナーの中間を過ぎると、横Gが弱くなってくることが感じられるだろう。そのタイミングで、踏みはじめる。すると、横Gが加速Gに変わる。

まとめると、**減速G→横G→加速G、という一連の流れをスムーズにクリアし、かつそれらのGに身体が持っていかれないよう、しっかりと重心の位置をキープするのがポイントになる**。

まとめると、外脚荷重などでしっかりと重心の位置を保つことと、減速の権限を、コーナーに入ったときにフロントからリアに受け渡すことがコツだと言っていい。

なお、タイヤのグリップの限界が……なんていう危ないことは考えなくていいと思う。ロードバイクは車と違って、限界でのコントロールは難しい。どこまで転ばずに粘れるかは転んではじめてわかるけれど、読者の皆さんに落車をお勧めするわけにもいかないしね。

コーナーの出口では、もがかない

レースでは、パワーの上げ下げを避けるという大原則がある。上げ下げは消耗に繋がるからだ。この観点から重要になるのが、コーナーを抜けたあとの再加速だ。

経験者ならわかるだろうけれど、コーナー後の加速はとても脚を使う。でも、実は、あれは必要がない。日本の選手は、コーナーを出るとやたらと加速するけれど、基本的にそんなに頑張る必要はない。疲れちゃうだけだ。

なぜなら、集団内にさえいれば、人のスリップ（ストリーム）を使って後で位置を上げることができるからだ。もがいて脚を使う必要はない。どうしてみんな、あんなにもがくのかな？

コーナーに入る前には、後で抜かれることを考えて、できるだけ前に位置どっておこう。そしてコーナー出口でみんながもがいているときには（縦一列でなければ）、適当に抜かせればいい。集団は縦に伸びているだろうから、多少位置を下げても集団には戻りやすい。その後、集団が縮むのに合わせて位置を上げる。このタイミングで元の位置に戻れるのが理想だけれど、普通のコースならば位置を上げやすい場所はどこかしらあるものだから心配はいらない。

クリテリウムやホビーレースのエンデューロ[1]などコーナーが多いレースでは、このことを心がけるだけで脚の残り具合が全然違う。当たり前だ。皆、コーナーごとにインターバルを繰り返しているんだから、トレーニングになってしまう。消耗しないよう、ペースの上げ下げを調整するのは基本中の基本だ。

なお、同じテクニックは上りの、上り口でも使える。前方に位置して上りに入り、徐々に位置を下げる。位置を下げても、集団内にさえいれば後で位置を上げられる。勝負がかかっていない上りで脚を使う理由はない。

もちろん、中切れが起こるリスクはゼロではないし、レース終盤ではコーナーでも必死になる必要があるだろう。しかし、それまで脚をためることは、エースとして勝ちを狙う上では極めて大切なテクニックだ。

[1] **エンデューロ**　長い周回コースを長時間にわたって走るレース形態。

位置取りとドラフティング

位置取りは、今言ったように前のほうにいたほうがいい。何かあって遅れても、ちぎれにくい。もちろん先頭には出ない。ドラフティング[1]をして、体力の消耗を防がなければならない。

ただし、前の選手のお尻ばかり見ていてはいけない。僕は、4人前くらいを見ている。感覚で前の選手との距離を測る能力が必要だから簡単ではないだろうけれど、ある程度視野を広く保ち、状況を知るためには、ちょっと先を見たほうがいい。

当たり前のことだが（そしてやはり、守れている人は少ないのだが）、まっすぐ走ろう。自分のラインを守ろう。じゃないと、落車が発生する。自分の前に選手がいればドラフティングはできているんだから、右に左にとウロウロする必要はない。

そう、落車。落車対策はもしかすると、一番重要なテクニックかもしれない。

[1] **ドラフティング** 他の選手のスリップストリームに入り、体力を節約すること。

落車対策❶ 周囲のことを考える

日本人選手は無謀だと言ったけれど、それは位置取りにも当てはまる。無謀な動きが多いから、結果、落車も増える。
一番大切なのは、自分の動きが周囲にどういう影響を与えるかを考えることだ。結果を予測することだ。

落車の最大の原因は不用意なラインの変更だ。転ぶのは当人じゃなく、後ろの選手。ラインを変えた結果、後ろの選手がどう動くかを考えずにライン変更をするから、ひどいことになる。プロのスプリントで落車が少ないのは、無駄なライン変更がないからだ。

もちろん、プロのトレインでも落車はある。けれどそれは決まって、エーススプリンターよりも後ろの選手だ。エーススプリンターであるマーク・カベンディッシュやアンドレ・グライペルがスプリントで転んだのはほとんど見たことがない。それは、先頭にいる彼らがラインを変えた影響は彼らではなく、後続の選手たちに響くからだ。

ラインを変えると、後ろの選手も当然それに合わせてラインを変える。すると、その後ろの選手も……という具合に、トレイン（チームのトレインとは限らないが）全体がドラゴンみたいにうねる。ライン変更の影響は、後ろのほうが大きい。そうして、後ろの選手が落車する。急な動きには、プロでも対応しきれない。

自分以外の選手のことも考えて走ろう。そのためには余裕が必要だが、だからこそ強くならなければいけない。

それから、急なライン変更など不必要な動きは避けよう。日本にはプロアマ問わず「アグレッシブに走ったほうがエライ」という雰囲気がある。もちろん、アグレッシブに走って勝手に疲れるのは自由ではあるけれど、他人を転ばせてはいけない。そのアグレッシブさは、練習に（対する姿勢とかで）発揮したほうがいい。

落車対策❷　意思疎通をしっかりする

しかしそれでも、ラインを変えなければいけないときはある。たとえば、アタックがあったときがそう。

アタックがあると、誰もがその選手につきたがる。それは当然だが、プロとアマチュアの差が出るのは、この瞬間だ。

皆がいっせいにアタックした選手目がけてラインを変えたら、もちろん落車が起こる。**だからプロは合図をする。**いや、合図というと語弊があるかもしれない。身振りなり目線なりで、**周囲に対して「俺が付くぞ」という意思を見せるということだ。**

アマチュアはこれがない。誰が何を考えているかがわからないから、どう動くかもわからない。落車が発生するのは自然だ。

落車を防ぐ極意は、シンプルだ。それは、周囲と意思の疎通をすること。そうすれば、その次にどう動くかがわかる。

TV中継ではわかりにくいだろうけれど、プロトン[1]の内部ではしょっちゅう意思疎通が起こっている。声をかけたり、手信号を出したり。ラウンドアバウトの直前で左右に分かれる集団の中で手信号を出している選手を見たことがないだろうか？　プロはああいう合図をサボらない。だから、激しい展開でも落車が少ない。

日本に帰って、ホビーレーサーが不思議と手信号や声を出さないことに気付いた。声も手信号もなしには、お互い何を考えているかわかるはずがない。次の瞬間に何が起こるかをあらかじめ知っておくということは、とても重要だ。

落車対策❸　次の瞬間のことを考える

それでも転んでしまうことはある。予想できない動きをする奴がゼロになることはないだろうし、急に犬が飛び出してくることもあるかもしれない。でも、ギリギリまで次の瞬間の予想には力を入れよう。すると、まず、危ない動きをする選手に距離を置いたほうがいいことに気付くだろう。

危ない選手は避けるのが一番。

それはヨーロッパプロでも一緒で、たとえば、ナセル・ブアニ[1]の周囲にあまり選手がいないのは、皆、

プロトンでの意思疎通を怠ってはならない

[1] **ラウンドアバウト**　ヨーロッパに多い、円状の信号のない交差点。通常の交差点よりも交通がスムーズになるとされる。

ブアニの動きが危なっかしいことを知っているからだ。逆に綺麗な、シマノやクイックステップのトレインには、みんな付きたがる。

最悪、落車してしまう場合でも、どうなるかを予想しておくことは重要だ。プロが、時速40㎞や50㎞で転んでもかすり傷くらいで済むことを不思議に思う人も多いかもしれない。プロの身体は、普通の人よりも頑丈なのか？

そうじゃない。プロが比較的軽いケガで済むのは、落車を予想できているからだ。備えることができるからだ。

予想できない事故、というのが一番怖い。体がなんの準備もできないから、ダメージがモロにくる（酔っ払って転ぶと大ケガに繋がるのと同じかな）。たとえば、僕はツアー・オブ・チンハイレイクのＩＴＴで骨折したことがある。出走台が壊れて落っこちたからだ。

さすがに僕も、台が壊れることまでは考えていなかった（笑）。だから骨折したというわけだ。**落車も、予想できる落車とそうでないものがあり、後者の場合はプロでもケガはひどくなることが多い。**

だから、予想が重要だ。ここで言う予想とは、自分の未来の予想だけではなく、周囲の予想も含む。自分の動きが他人にどう影響するかを考えなければいけない。

よく「いやあ、後ろで落車があったけれど、何とか逃れました」みたいなことを言う人がいるけれど、その落車の原因はたぶん、その人だ。**落車の原因は基本的に前にある。**そのことに気付かなければ、また落車を引き起こすだろう（胸に手を当てて考えてみてほしい）。

ロードレースは、普通に走っている分には転ばないスポーツだ。落車が発生するのは、変な走り方をする選手がいるときだけだ。

予想できない動きは慎もう。周囲に予想できなさそうな動き（アタックに飛び乗るとか）が必要になったら、声なり身振りなりで意思表示をしよう。最低限のマナーだと思う。

日本人は、意思表示が恥ずかしいのかな？　チーム右京でも、若手には声を出すように言い続けている。「（後ろに）いるか？」「いるよ」くらいの簡単なコミュニケーションだ。でもそれが、まだまだ足りなかった。

［1］**ナセル・ブアニ**　1990年〜。フランスのスプリンター。元ボクサーという異例の経歴を持つ。

落車対策❹　前を見てまっすぐ走る

最後に、落車を防ぐとっておきの秘訣をお伝えしたい。それは、前を見て走ることと、まっすぐ走ることだ。

何を馬鹿なことを言っているんだ、と思うかもしれない。そんな当たり前のことは守っているに決まっているじゃないか、と。

本当だろうか？　本当に守れているだろうか。それならばもっと落車は減るように思うけれど……。

僕が見た限り、ホビーレーサーは、疲れてくるとしょっちゅうよそ見をしているように思う。ラインを守らずに、あまり意味のない横の動きをする選手も多い。

レース中によそ見をしてはいけない。ドリンクを飲むときも補食を食べるときも、目線は前を向いたままだ（下を見ずにこれらをこなせるのは、レースに出場するための最低限の資格だと思う）。

しっかりと前を見ること。そして自分のラインを守ること。この2つは、自分だけでなく、一緒に走るレーサーたちを、つまりプロトンを守ることに繋がる。皆でちょっとずつ意識改革をするしかないだろう。

ヒルクライム

コツがないのがヒルクライムだ（あったら教えてほしい）。ダンシングについてはP073からの解説を見てもらうとして、ポイントは2点だけ。

ひとつはよく言われることだが、**限界を超える「レッドゾーン」には入れずに淡々と上ることだ**。一度限界に達してしまうと、ガクンとペースが落ちてしまう。P122の位置取りについての解説でも言ったように、多少位置を下げても後で取り戻せる可能性は十分にある。レースだからといって、普段出せないパワーは出せない。マイペースで焦らずに上ろう。

もうひとつは、これも基本的なことではあるけれど、**上り口で速度を殺さないこと**。上りに差しかかったとたんにフロントギアをインナーに落としてしまう人がいるけれど、もったいない。アウターで突っ込んで、平地の速度をできるだけ活かしたまま、上れるところまで上ろう。

上りは苦しい。それはしょうがない。のんびり走っているように見えるグランツールのグルペット[1]も実際は脚切りを避けるために必死だから、50kg台後半の僕の体重でも３００Ｗは出ていた。速いグルペットなら、３４０Ｗ前後にはなった。会話もなく、ひたすら耐えながら上る。上りとはそういうものだ。

[1] **グルペット**　山岳コースで遅れた選手たちの集団。

アタック

ここからは、実戦（レース）に即して解説してみようと思う。そっちのほうがリアルだから。

レースはアタックによって作られる。そのアタックで一番重要なのはタイミングだ。こればっかりは経験がものを言う世界なのだが、ある程度なら言葉にもできる。

皆がフレッシュな状態でアタックをしても、当然利用される。もちろんチームオーダーなどによる力ずくのアタックもあるけれど、**周囲が疲労している雰囲気の中で行くのがアタックの基本だ**。自分も疲れているだろうが、あまり力を使わずにアタックを決められるのはこの瞬間しかない。

ブエルタ・ア・エスパーニャの超級山岳、アングリルを上る

この雰囲気を読むのは簡単じゃないが、ひとことで言えば、アタックの波がぱたっと止む瞬間のことだ。アタックは普通、繰り返される。A選手が飛び出し、吸収されるとB選手がカウンター、やはり捕まった瞬間にC選手……という具合に。それがある程度続くと、集団全体が疲れてくる。一息つく感じになる。

そのタイミングで、アタックする。すると驚くほどスムーズに決まる。躊躇しないのもポイントだ。これは、逃げを作るための序盤のアタックも、レースに勝つための終盤のアタックでも一緒だ。みんなが疲れているということは自分にとってもキツいということだが、そこはしょうがない。上手い話はない。強い選手は、脚があるのはもちろんだけれど、それ以上にこの空気を読むのが上手い。フミ、幸也、宮澤（崇史）さん。彼らのようになるにはレース経験を積むしかないだろう。

逃げる

アタックが決まったら、逃げはじめる。

フォームは空気抵抗を減らすことを最優先にする。頭を下げて、できるだけ小さいパワーで効率よく速度を出せるように心がけよう。

勝負はまだ先だから、脚を残すことも考えなければいけない。そのためには、大腿四頭筋、つまり腿の前側の筋肉を使うことで手っ取り早くパワーを出せる「踏む」ペダリングではなく、**腿の後ろ側のハムストリングを使い、くるくると回すペダリングを意識する**。そうすれば、アタックで必要になる大腿四頭筋を温存することができる。それが脚を残すということだと思う。こういう、「逃げ用」のペダリングはＬＭＤ（→P101）のトレーニング中に修得しておかなければいけない。

他の選手との先頭交代のタイミングは、風向きによって変わってくる。追い風なら負担が少ないからひとりひとりが長く引くが、負担が大きくなるほど、つまり風向きが向かい風に近づくほど、短時間で交代する。**向かい風ならどんどん先頭を交代するから、自然とトレインは楕円状の2列になるだろう**。

後続との差、距離を確認しながら逃げよう。タイムギャップが詰まったら、全員で協調して（ここでも声がけが重要だ！）ペースを上げる。

プロのレースならば後ろから集団が追ってくるだろうけれど、ホビーレースでは逃げ集団が人数を減らしながら徐々にゴールに近づいていくパターンも多い。逃げている途中で苦しくなるようならば、地脚が足りない。ＬＭＤやLT走で基礎力をつけよう。

逆に言えば、優勝者が出る逃げ集団についていけているならば、ホビーレーサーとしての最低限の自脚はあるということでもある。そのくらいの脚力を持ち、この章で解説した基本的なテクニックをマスターしているレーサーは、中級ホビーレーサーと言っていいだろう。そのくらいになればあとは勝つだ

上体を低く保ち、空気抵抗を小さくすることを意識する

けだし、若い子ならばヨーロッパを目指す選手も出てくるかもしれない。

集団は順調に逃げ続けている。ここからはいよいよ、ヨーロッパを走るための話をしていこうと思う。

第7章

ヨーロッパを走る

「土井ちゃん」からのメッセージ

カメラ

あなたは逃げ続けている。

走りだけに集中したいところだが、プロはそうもいかない。やるべきことはいろいろある。ホビーレーサーには必要ないが、プロを目指すならば知っておいた方がいい、そういうことにも触れようと思う。

代表例がカメラだろう。まあ、ホビーレースにもカメラはなくはない。応援してくれる家族のカメラとか。でも、ここでいうカメラはもうちょっと深刻なものだ。というのは、来年以降の収入にも関わるからだ。

大きいレースならばカメラバイクがレースの様子を撮影している。そのカメラに映ってスポンサーのロゴをアピールするのも、選手にとっては重要な仕事だ。それに、自分の名前を知らしめる意味もある。どちらも選手としての評価に繋がるから、ともかくプロにとって、カメラに映ることは大切だ。

じゃあ、どうやって映るか。選手は200人もいるから、映してもらうのは簡単じゃない。圧倒的優勝候補ならば黙っていてもカメラのほうから寄ってくるだろうけれど、普通の選手じゃそうもいかない。

原則としては、目立つと映る、ということが言えるだろう。カメラマンもネタが必要なわけだから、普通じゃない絵が欲しい。ケンカしている選手がいたら、そっちにカメラを向けるだろう。

といっても、カメラに映るためにケンカするわけにもいかないから（ケンカについては後で触れる）、もうちょっとマシなことで映りたいものだ。

その点でも、逃げることは大切だ。絶対に映してもらえるから。

大きなレースで逃げに乗れたら、カメラバイクが寄ってくるはずだ。あなたを撮りにきたはずだが、慌ててきりっとした表情を作る必要はない。**撮影は、カメラマンがカメラを肩に担ぎあげてはじめて開始される**。カメラが下を向いている間は撮影していないから、ここで格好つけても骨折り損になる。横目でカメラの動きを観察しよう（落車しないように）。スポンサー名が映るように、ジャージのジッパーは上げたほうがいい。

逃げ（られ）なかった場合でも、目立てばカメラを向けてもらえる。集団の先頭に出る、などの動きだ。カメラばっかり意識して走るわけにもいかないけれど……。

カメラに限らず、常に周囲の目を意識しなければいけないのがプロだ。よく言われるように、逃げ切ったときにはスポンサー名を見せつけるためにゴールするときにはジャージのジッパーを上げる必要があるけれど、苦しさと嬉しさの中でそういう作業をこなすのは簡単ではない。

しかし、これも仕事だ。

プロトンという社会

プロトンは小さな社会だ。大集団であれ、逃げ集団であれ。どんな社会にもそれぞれのマナーがある。だから、選手はそこでの振る舞い方を知らなければいけない。

位置取りはその代表例だ。基本的な位置取りのポイントはもうお伝えしたけれど、それはマナーではない。マナーというのは、飲み会での上座・下座みたいなもので、知らないと恥をかく。もっとも、プロトンのマナーはそんなに複雑じゃないから、心配はいらない。

社会にエライ人がいるように、プロトンにもエライ選手がいる。要するに有名選手だ。彼らは尊重しなければいけない。進路を塞いではいけないし、楯突いてもならない。彼と彼らのチームがやろうとしていること（位置を上げるとか、逃げができないように集団に蓋をするとか）を邪魔してはならない。転ばせなんかした日には大変なことになる。

ということは、カンがいい人はもう気づいたかもしれないが、**有力選手の後ろは美味しい位置だということでもある**。周囲の選手が道を空けるから、動きやすい。強い選手を見つけたら、しれっとその後ろについてしまおう。

しかしもし、あなたのチームと彼のチームの方針が一致する、あるいは方針に理解を示してくれるならば、遠慮せずにタッグを組むべきだ。２０１２年のブエルタで僕は、ジョンのためのトレインの一番手を務めていた。スプリントのために、トレインをプロトンの先頭に引っ張り上げるのが仕事だった。

マドリッドの周回コースに入ったとき、僕を見たアルベルト・コンタドールがスペースを空けてくれた。コンタドールをどかしてスペースを作るなんて通常はありえないことだが、コンタドールは僕がいたアルゴスの方針、つまり逃げを捕まえてスプリントで勝つ、ということを理解してくれていた。コントロールすべきチームがプロトンをコントロールしたほうが、集団が落ち着くということもあっただろう。そういうこともある。

ケンカ

でも、いつもそうやって利害が一致するとは限らない。だから一般社会と同じように、争いが起こることはある。最悪の事態がケンカだ。これほど不毛なこともない。

ケンカを防ぐ方法も、一般社会と一緒。広い心を持って、ちゃんと意思の疎通をすることだ。

「なにをやっているんだこの野郎」と言われたときに「うるせえこの野郎」と返すからケンカになるのであって、「俺、なにかしちゃった?」と聞いて、相手が怒っている原因を聞きだせばいい。それで自分に非があれば謝ればいいし、なければないと伝えるべきだろう。コミュニケーションがとれていないから、ケンカになるんだ。

僕の経験だと、突っかかってくるヤツは弱い奴が多い。後ろのほうでもがいていた奴に限って、レース後にごちゃごちゃ言ってくる。前で勝負できる選手は、そういうことは言わない。

強くなろう。

強くといえば、ヨーロッパでの人種差別を心配する人がたまにいるけれど、基本的に考える必要はないだろう。僕は日本人ということで不愉快な思いをしたことはない。走れてさえいれば、人種は関係ない。

けれど、走れないやつには厳しいのがヨーロッパだ。日本みたいに、なあなあにして水に流すことはない。

強くなろう。

補給食と食事

さて、話が逸れたが、あなたは逃げに乗って走り続けているのだった。

いろいろ考えることはあるかもしれないが、どのレースでも補給食はきちんと食べなければいけない。

補給は、お腹が減ってから食べるのでは遅い。走っている間は食べ続けると考えるべきだ。**スタートして15分も経つと、周囲の選手は補給食を食べはじめる。**

補給食は、消化に時間がかかるものから食べるのが基本だ。アルゴスでは、パンとミューズリーバー、ジェルを補給食にしていたが、まずはパンを食べる。パンは日本でいうバターロールみたいなもので、中をくり抜いてジャムが詰めてある。それを銀紙で包んで一丁あがりだ。こうやって言葉にするとなんだか素敵に聞こえるが、実際はそんな綺麗なものじゃなく、エサだ(不衛生なのではなく、見た目なんか気にしていないという意味だ)。パンの次はバー、そしてジェルとなる。

200㎞くらいのブエルタのステージだと、今言った補給食をそれぞれ2つずつ持って走り出していた。パンがひとつ300〜400kcal、バーとジェルが100〜200kcalくらいだから、合計1000kcalちょいだ。途中で取るサコッシュにも同じものが入っているから、補給食は2000kcal強になる。朝食が2000kcal弱だから、レース前とレース中に合計4000kcalほどを食べる計算になる。今思えば、これは、200㎞を走ることで消費されるカロリーとほぼ等しい。つまり、**走ることに使われるカロリーと同じだけのカロリーを、朝食と補給食に分けて食べているということになる。**考えてみれば当然の話ではあるけれど、この計算を目安にすれば、補給食の量を決めやすい。

ちなみに朝は、これもアルゴスでの話になるけれど、オレンジジュースにパスタ200gくらいを塩とオリーブオイルで、オムレツ、ジャムとバターを塗ったパンを2切れ、といった具合だった。いずれも、シェフがホテルの厨房を借りて作ったものだ。他に、牛乳に一晩漬け込んだシリアルが用意されていたけれど（こうすると朝でも食べやすい）、僕はあまり好みじゃないので、それほど食べなかった。皆会話もなく、黙々と食べる。なお、日本ではパスタではなく米を食べている。

レース中のドリンクは、水とスポーツドリンクを1本ずつ持つ。1時間で1本を目安に飲んでいた。

レースの「オーガナイズ」

レースはもう、中盤を過ぎた。ホビーレースの場合、脚のない選手がどんどん遅れているころだと思う。一種の耐久レースだ。

だから重要なことは、地脚をつけることと、無駄脚を使わないことだ。

しかしヨーロッパのレースは完全にオーガナイズされているから、そういうことはない。勝負所までは、基本的に全員が残る。そして勝負どころではきちんと有力選手が出てくる。その意味では、ヨーロッパのレースのほうが一種の安心感はある。決して楽ではないが……。

食らいつく

上りに入った。

集団を小さくしようとアタックがはじまる。

余裕があるならばいいが、たまたま、一緒に逃げた選手は格上のヤツばかりだった。ついていくだけで精いっぱいだ。さあ、どうする？

どうしようもない。耐えるしかない。プロなら、そういうことはよくある。

僕の場合、2010年のツアー・オブ・ターキーがそんな感じだった。第4ステージで逃げ切ったグループに入って総合順位を6位までジャンプアップした後は、それを守らなければいけなかった。といっても相手はダヴィ・モンクティエ[1]やネオプロだったティージェイ・ヴァン・ガーデレン[2]、ジョヴァンニ・ヴィスコンティ[3]といったとんでもない連中だったから、どうもこうもない。ひたすら我慢だ。一緒に逃げた第6ステージでは彼らがやり合うのを後ろから見ながら、必死で食らいつく。

頭の中にはチームのことがあった。僕が総合上位に来た後は、チームは僕をアシストしてくれていた。だから、ちぎれてしまったら、チームに申し訳ないという気持ちが大きかった。それに、その年の僕はまったく結果を出せていなかった。もしバンガーデレンたちから遅れたら、たぶんクビだろうと思いながら走っていた。実際、僕のクビが繋がったのはこのターキーの結果のおかげだと思う。簡単に切られる世界だから。僕はなんとか総合6位を守ってレースを終え、翌年への契約を手に入れた。

もしあそこで遅れていたら、僕は走ることを辞めていたかもしれない。そういうレースは、よくある。

[1] **ダヴィ・モンクティエ**　1975年〜。フランスのクライマー。ブエルタ・ア・エスパーニャでは2008年から4年連続で山岳賞を獲得。

[2] **ティージェイ・ヴァン・ガーデレン**　1988年〜。アメリカのレーサー。2012年のツール・ド・フランスで新人賞を獲得した、次世代のオールラウンダー。

[3] **ジョヴァンニ・ヴィスコンティ**　1983年〜。イタリアのレーサー。イタリア選手権で3勝したほか、ジロ・デ・イタリアでも区間3勝を挙げた。

ダウンヒル

上りを耐え抜いたら、下りがある。

テレビ中継でよく見るように、プロは空気抵抗を減らすために「クラウチング」の姿勢をとる。スローピングフレーム[1]が増えた最近は、トップチューブにまたがる姿勢が多い。

が、**これは決してマネをしてはいけない！**　こんな姿勢でもバランスをとれるのは、プロの発達した体幹があるからだ。下手に真似ると、ふらついて落車する可能性が高い。

しかも、前にも書いたように、プロにとっての下りがはじめての道ということは、まずない。何度も走って、コーナーも知り尽くした道だから飛ばしている。知らない峠ならこんなことはせず、ものすご

ブエルタの山岳で、ブラッドリー・ウィギンスたちに食らいつく

く慎重に下るのがプロだ。危ない真似は絶対にしないでください。

［1］**スローピングフレーム** 近年主流だった、トップチューブが傾いたフレームのこと。

無線

レース中に急に無線から陽気な音楽が流れてきても、びっくりしてはいけない。スタッフがふざけて、ラジオに送信機をくっつけているだけだ。

無線についても一応、触れておこう。無線機は日本の秋葉原なんかに売っているもので、受信と送信の両方ができる。胸元のマイクのボタンを押しながら喋ると、チームカーを含め、無線機を持っている全員に声が流れるようになっている。

内容は、アシストの立場なら、誰かボトルを欲しがっていないかとか、そのボトルは水かスポーツドリンクか、などだ。チームカーのディレクターからは、「この後は横風が吹くから前に上がれ！」とか、戦略的な指示が来る。

しかし、ここだけの話だけれど、そして申し訳なくもあるのだけれど、ディレクターがやかましいときはある（興奮しているのか？）。ずっと叫びっぱなしで耳が痛くなりそうなときは、そっと外したりする。もちろんバレたら怒られるので、そっとやる。ただ、たまにカメラに映されてしまったりするので、そういう時は「壊れちゃったので……」と言い訳をする選手が多かった（実際、無線が不調になることはある）。裏話だけれど。

サコッシュを受け取る

補給地点ではサコッシュを受け取るはずだが、意外とサコッシュの受け取り方を知らない選手が多い気がするので、書いておく。補給地点も落車が多い。それは、サコッシュの紐が絡まったり、ふらついたりするからだ。

サコッシュを受け取るときには、紐部分ではなく、本体（袋）に近い部分を持つ（写真参照）。上部の紐の部分を持つとサコッシュがぶらぶらして危ないからだ。

まず、紐の付け根をキャッチする。次にサコッシュを頭の上で振り回しながら、するすると遠心力で手の中で紐を滑らせ、本体から一番遠い端を持つ。そして首にかけて、中身を物色する（この一連の動きは、きちんと練習してください）。

中身をポケットに移す際も、しつこいようだが視線は前を見る。よそ見は落車のもと！　福袋と違って何が入っているかわかってい

紐の、本体に近い位置をキャッチする

るんだから、いちいち見る必要はないはずだ。バーなら右のポケット、ジェルなら左、という具合に収納する位置も決めておこう。

空になったサコッシュは、補給所の先で捨てる場合が多かった。捨てるというと聞こえが悪いが、補給所の先にはサコッシュ目当てのファンがたくさんいるから、彼らに渡すと言うべきだろう。

サコッシュは丸めて投げる。そうしないと風にあおられて、他の選手のバイクに絡んでしまう。常に、落車を防ぐことを念頭に置かなければいけない。

ボトルは何本まで?

サコッシュにはボトルも入っている。ボトル運びは、ご存じのようにアシストにとって大事な仕事でもある。

僕は最大で、9本のボトルを一度に運んだことがある。およそ5kg。ブエルタでの話だ。

まず、ポケットに1本ずつ、計2本入れる。次に背中に5本、首の後ろから入れる。そして残りはお腹に。これで9本だ(意外と落ちないものだ)。チームカーにボトルを取りに行く前に、無線で水かスポーツドリンクかのオーダーを聞くのを忘れずに。

それから、ボトルは投げ捨ててはいけない。捨てる場所は決められているから、その辺に投げるのは、本当はNGだ。

パンク

時にはレース中にパンクすることもあるだろう。そんな時は、慌てずに無線でメカニックにパンクしたと伝えよう。タイヤを準備する手間があるからだ。

そして、ヨーロッパの右側通行の国なら道路の右側に、日本なら左側に寄っていく。ギアは走り出すことを考えて、アウタートップに入れておこう。

止まったら、自分でホイールを外してしまおう。メカニックを待つ理由はない。ホイールを交換したらすぐに走り出さず、チェックする。たまに、きちんと入っていないことがあるからだ。

プロトンに復帰するときだけは、本来禁止されているチームカーへのドラフティングが黙認される。ただし、日本のレースでは怒られることも多いから注意が必要だ。

パンク以外の機材トラブルが起こった場合は、即バイク交換だ。走りながら直したりなんて中途半端な真似はしない。

じゃあ、走りながらメカニックがディレーラーやサドルの高さを調整しているのはなんなんだって？　僕にもよくわからないけれど、集団から遅れる選手には、よくそういうトラブルが起こるらしい。

落車

最悪の事態ではあるが、備えておかなければいけないのが落車だ。

落車は、転ぶ前からはじまる。目の前で誰か転んだとか、ホイールを当てられてバランスが崩れたとか、落車しそうな事態が起こったら、すぐにフルブレーキだ。速度を落とせれば、落車したとしてもダメージは減らせる。

同時に、後ろを見る。落車を免れたとしても、急ブレーキをかけた自分に誰か突っ込んでくるかもしれないし、そうなったら自分が落車の原因になってしまう。こんな時でも周囲を気にしなければならない。

不幸にしてブレーキが間に合わず、**転んでしまった場合は、バイクから手を離さないことだ**。「バイクを軸にして転ぶ」ことで、身体をある程度守ることができる。ロードバイクにはエアバッグもシートベルトもないから、ロードバイクそのものを使って身体を守る。手を離してしまうと、骨を折る場合が多い。止まってもまだ危険はある。後続の選手が突っ込んでくるからだ。だから、まだ身体を弛緩させてはいけない。

ケガに関しては骨折したかどうかが大きな分かれ目になるが、この見分けかたは案外シンプルだ。骨折した場合は、手足があさっての方向を向いているか、吐き気がする。もちろん、走り出してはいけない。

さらに言うと、**頭を打ったときは、大丈夫だと思っても走り出してはならない**。近年、ラグビー界などでは脳震盪《のうしんとう》の危険性が改めて知られつつある。特に怖いのが短期間のうちにもう一度脳震盪を起こす「セカンドインパクトシンドローム」で、これは命に関わる。また、ヘルメットも、一度強い圧力がかかったものはその役割を果たさなくなるから使わないよう、メーカーが指導しているはずだ。頭を打ってしまったら、リタイヤするしかない。

勝負所に入る前に

さて、ここまでは逃げている前提で話を進めてきたけれど、アシストとしての大切な動きも伝えておきたい。ということで、逃げはいったん吸収され、総合系の選手たちが勝負する、上りが近づいてきたということにしよう。

僕はあまり総合系の選手をアシストした経験がない。アルデンヌ・クラシックに強いサイモン・ゲシュケを助けたくらいかな？

スプリントだろうが総合争いだろうが、アシストの基本は風よけを提供することと、勝負所までに前に連れていくこと、この2つだ。それは、皆知っているだろうと思う。

でも実は勝負所に入る直前に、重要な段階がある。アシストは、単にエースに風よけを提供すればいいわけじゃない。

勝負所の直前では、集団は人数を減らしているはずだ。各チームのエース＋アシストが1、2人といったところだろうか。まもなく、エース同士の戦いが繰り広げられるであろう上りに入る。

ずっと逃げて来たあなたにはもう、脚はほとんど残っていない。あとひと働きが限界だ。そんな状況で何をすべきか？　最後までエースの風よけになればいいのか？

そうではない。**最後に、ライバルの脚をチェックするためのアタックをしなければいけない。**

よく、上りに入った途端に最終アシストが速度を上げる光景を見るはずだ。クリス・フルームに対するリッチー・ポート[1]やピーター・ケノー[2]がそうだ。

あれは普通、ペースアップと言われているけれど、そうじゃない。アシスト最後の仕事である、ライバルの脚力を見るための仕事だ。ヨーロッパの強いチームには、必ずその仕事をするアシストがいる。調子は日々変わる。だから、誰が一番警戒すべきなのかも、その日にならないとわからない。だから勝負所に入ったらすぐにライバルの脚の具合を確認しなければいけないのだが、そのためのペースアップをエースにさせると、余計な力を使ってしまうことになる。だから最終アシストがちぎれる前に微妙に速度を上げる。

エースは後ろから、他の選手の反応具合をチェックする。そうすれば脚を使わずにライバルの調子がわかるというわけだ。ある程度ライバルの人数が多いならば、絶対に必要な行為だ。

この「様子見アタック」は、自分がエースとして走る場合でも必要な過程だ。いきなり力勝負に持ち込んでしまうレーサーも多いけれど、クレバーに勝たなければいけない。

2012年の全日本選手権がそうだった。最後の上りに入った途端に僕がペースを上げたのはアタックではなく、周りの選手の調子を見るためだ。僕にはアシストがいなかったから、自分で様子見アタックをしたわけだ。

付いてきたのは清水都貴さんと増田成幸選手だったから、この2人を料理する必要があることがわかった。ただ、2人ともあまり余裕がなかったし、スプリントは得意じゃないから、冷静に長めのスプリントに持ち込めて、勝つことができた。

もしそこにスプリントが強いフミがいたら、話は違ってくる。お互い同じ程度の脚の残り具合だったらフミには勝てないから、アタックを繰り返してゴールまでに脚を削らなければいけない。そういう判断を下すために、様子見のアタックは絶対に欠かせない。

[1] **リッチー・ポート** 1985年〜。オーストラリアのレーサー。2012年から2015年まで所属したチームスカイではアシスト、準エースとして活躍した。 [2] **ピーター・ケノー** 1989年〜。イギリスのレーサー。トラック競技で活躍したが、ロードレースでもチームスカイの重要な戦力となっている。

スプリント!

今度は、スプリンターのエースをアシストする場合について。僕はどちらかというとこの仕事が多かったし、ホビーレースもスプリントで決まることが多いから、参考になるはずだ。

前にも書いたように、僕はスプリントのトレインの1番手で、スプリントに持っていく体制を作るのが仕事だった。だから僕の仕事の内容は、エース1人、アシスト1人のホビーレースでも応用はできると思う。僕とエースとの間にいる数名のアシストの仕事は、要するに加速だったから。

ゴール前、5㎞あたりから僕の仕事ははじまる。トレインとエースを集団の先頭に持っていくんだ。5㎞あたりと書いたけれど、それはあくまで目安であって、タイミングは風向きによって変わる。向かい風だったら、ギリギリまで集団内に潜む。脚を使わないようにするためだ。追い風ならば早めに上がろう。じゃあ横風だったら？　答えは早めだ。後ろにいたら、最悪、中切れに巻き込まれてしまう。ただ、横風の場合は皆が前に行きたがるからラインが多くできる。落車には注意してほしい。

前に上がるときは、無駄足を使わないよう、躊躇せずに横から一気に上がる。集団の外にいったん出てから前に行く。

その際も風が重要だ。風下から上がることができればプロトンを風よけにできるけれど、みんなそのことを知っているから、風下はスプリントのトレインでいっぱいになっている。だから、脚は使うが、風上から上がる。

後ろからは「コマンド（指令）」が飛んでくるはずだ。「今だ！」とか「右から上がれ」とか。これはすべて、トレインの最後尾にいるスプリンター（スリップを使われることを防ぐために、スプリンターの後ろに1人選手を入れることもある）からの指示だ。スプリンターにとってトレインは手足だから、思い通りに動かすために声で指示を出す。無線があってもスプリントに向けて動き出した最終局面で使う訳にはいかないから、声を出すことはここでも重要になる。

ただ、最後尾にいるキッテルやジョンがいくら大声で怒鳴っても先頭の僕までは届かない。だから、途中にいる選手が伝言ゲームみたいに前に向かって怒鳴ることになる。

逆に、前を引く僕が後ろに向かって声をかけることもある。ついているか確認する場合だ。振り向く余裕がない場合は怒鳴るしかない（こういうとき、ちゃんと声を出すことを普段の練習から習慣づけておかないと非常に困るだろう）。

別のチームのトレインに被されることには注意しなければいけない。被されてしまったら、いったん集団に潜ってその外から出るしかないので、大変なロスになる。並んできたトレインがあったら、加速して対抗すべきだ。

そうして脚に限界が来たら、次のアシストにトレインを譲って離れる。この時、注意すべきことは2

点。少しでも風よけになるよう風上側に離脱することと、外れる前に後ろを確認し、合図してから離れることだ。後者は、やはり落車を防ぐためには欠かせない。どんな局面であっても意思の疎通をしなければいけないということだ。

なぜプロのスプリントで落車が少ないか、わかっただろうか？　落車を防ぐための安全確認と合図を、どんな場面でも行っているというだけの理由だ。予測できない動きがあったら、プロだって転んでしまう。当たり前のことの積み重ねが、あのプロのレースを作っている。それはトレーニングメニューでも、テクニックでも、また実際のレースでも変わらないことだ。

選手たちの日常

レースが終わり、バイクから降りても選手であることに変わりはない。レースが日常生活に変わるだけだ。

日常生活には、いろいろな雑用があるはずだ。それは選手も一緒。たとえば契約がそう。契約社会のヨーロッパでは、チームとの契約にも50枚くらいの分厚い契約書が必要だ。実に、いろいろなことが書いてある。

通常、夏になると契約の話が来る。その後金額交渉をする余地もあるが、僕はしたことはない。交渉ができるのは、勝てる選手だけだ。

夏を過ぎても何の話もないときは……たぶんクビだ。自分で監督の所に行って、来年の契約がないことを確認しなければいけない。

クビだとはっきりしたら、いよいよ就職活動だ。ある程度知名度があるならば、レース中に行きたいチームの監督に話しかける。僕の場合、契約がないことがわかったのが世界戦の直前だった。来年どうするか考えながら世界戦のコースを試走していたら、ガーミンの監督に「来年のチームは決まっているのか？」と話しかけられたので、事情を話してから携帯の番号を交換した。「考えておこう」という話だったが、結局は流れた。そんなものだ。

あるいは、ヨーロッパに限らないが、エージェントを使う手もある。チーム探しを仕事にしているプロのエージェントに頼るやり方だ。契約が成立した場合、年俸の○％を渡す、という出来高制が多い。当たり前だが、顔の広いエージェントに頼もう。

今思うと、僕はずっとシマノにいたから、あまりチームの泳ぎかたを知らなかったということはある。日本のサラリーマンの転職活動と同じで、コネの広さは重要だったらしい。

評判のいい会社とそうでない会社があるように、評判のいいチームとイマイチなチームがある。よく話題になるのが給料で（やっぱり会社と同じだ！）、同じワールドチームでも相当の差がある。どんなに働いても一向に年俸が上がらないチームもあるらしいし、一方では、ＢＭＣやスカイのような金満チームもあるという。選手だけでなく、スタッフの給料にも差があるらしいから、スタッフからの情報も役に立つ。

選手として生活するということは、こういう、きらびやかじゃないことも考えなければいけないということだ。綺麗事ばかりとは、残念だけれどいかない。

そして、ヨーロッパの生活はそう楽しいものではない。娯楽も、せいぜいバーに飲みに行くくらいだ。食べ物のバリエーションも少ないし、その上節制しなければいけないから、食事は楽しみじゃない。毎日、塩とオリーブオイルで食べるパスタ、焼いた肉、葉っぱ（サラダと呼ぶほどオシャレなものじゃない。さらに言うと、何の葉っぱなのか未だにわからない）という食事が続く。

けれど、これしかないと思えば案外美味しく食べられるものだ。日本の裕福な環境に慣れすぎているから辛いのであって、ヨーロッパの環境に慣れればいい。それも選手としての能力だ。

嫌になることも、もちろんあるだろう。

けれど、嫌になるのは初心を忘れるというか、何をしているかわからなくなるからだと思う。辛くなったときは、自分が今、どんな目標の前にいるのかを思いだそう。グランツールのセレクションとか、来年の契約とか、いろいろあるはずだ。

それはレースやトレーニングの最中でも同じだ。苦しいときこそ、なぜ走っているのかを忘れないようにしなければいけない。この山を越えたらゴールがあるとか、今日のトレーニングを終えたら今のクールが終わって強くなるとかだ。

トレーニングは苦しい。レースはもっと苦しい。
それなのに、なぜ走る？

申し訳ないが、僕の知ったことではない。
走る理由は、完全に個人的なものだ。他人が走る理由は、僕にはわからない。

けれど、ひとつだけ言えることがある。
それは、今の問いは、苦しい場面でこそ重要だということだ。自分への問いかけを忘れてはならない。

あなたは、なぜ走る？

Cruzcampo
Cruzcampo
Cruzcampo
SKIL
SKIL
POWER TOOLS

本書は２０１５年８月現在の情報に基づいて構成・執筆されています。

土井雪広（どい・ゆきひろ）

1983年山形県山形市生まれ。自転車プロロードレース選手。山形電波工業高等学校、法政大学を経て、2004年よりシマノレーシングでプロ入り。2005年からシマノ・メモリーコープ（当時）で欧州を主戦場としレースに参戦。

2011 年、2012 年と2 年連続でブエルタ・ア・エスパーニャを完走。現段階で、ブエルタを完走した唯一の日本人選手。

現在、日本の「チーム右京」に所属している。

著書に『敗北のない競技《レース》』（東京書籍）がある。

ブックデザイン　松田行正＋杉本聖士（マツダオフィス）

写真　後藤匡人（P027, 035, 042, 045, 055, 060, 062, 069 - 074, 102, 106, 116, 118, 143）
辻 啓（P011, 019, 030, 036, 056, 066, 083, 125, 129, 131, 132, 141, 155）

企画・構成　佐藤 喬

土井雪広《どいゆきひろ》の世界《せかい》で戦《たたか》うための
ロードバイク・トレーニング

2015年　9月　7日　第1刷発行
2015年 10月 19日　第2刷発行

著者　土井雪広《どいゆきひろ》

発行者　川畑慈範
発行所　東京書籍株式会社
東京都北区堀船2-17-1 〒114-8524
電話　03-5390-7531（営業）　03-5390-7508（編集）

印刷・製本　株式会社リーブルテック

ISBN978-4-487-80917-2 C0075